직업 멘토 2

어린이 지식 e

지식과 정보

어린이 지식 e

직업 멘토 2 지식과정보

초판 1쇄 인쇄 2015년 11월 2일
초판 1쇄 발행 2015년 11월 9일

발행처 이비에스미디어(주)
발행인 김재근
기획 EBS MEDIA 장명선 DKJS 성준명
글 김진수 **그림** 박수정 **편집** 아우라 **디자인** 인앤아웃

판매처 ㈜DKJS
등록 2009년 11월 18일 (제2009-000323호)
주소 서울특별시 강남구 강남대로 84길 23, 1408-2호
전화 (02)552-3243 **팩스** (02)6000-9376
이메일 plus@dkjs.com

ISBN 979-11-5859-053-6 (64300)
ISBN 979-11-5859-036-9 (세트)

• 지식플러스는 EBS미디어와 DKJS가 공동으로 기획, 제작한 도서의 출판 브랜드입니다.

꿈을 이룬 멘토가 들려주는 직업이야기

직업 멘토 2

어린이 지식 e

지식과 정보

글 김진수 그림 박수정

지식플러스

상상력과 도전 정신으로 빛나는 직업 멘토와 함께 나의 꿈, 나의 직업을 찾아보아요

"이다음에 크면 뭐가 되고 싶어?"

"너는 장래 희망이 뭐야?"

"가장 하고 싶은 일은 뭐니?"

누구나 한번쯤 이런 질문을 받아 본 적이 있을 거예요. 이럴 때 뭐라고 대답하나요? 의사, 변호사, 과학자, 개그맨, 패션모델, 만화가, 경찰관……. 앞으로 내가 무엇이 되고 싶은지 자신의 장래 희망을 확실하게 정한 사람도 있겠지만 아직은 내가 무엇을 좋아하는지, 어떤 일을 하고 싶은지 잘 모르는 사람도 많을 거예요. 사실 나의 꿈, 나의 직업을 찾는 것은 질문하긴 쉽지만 그리 간단치 않은 문제이지요. 하지만 아주 중요한 일이에요. 나의 꿈이 정해지면, 그 꿈을 목표로 하루하루의 삶이 달라지니까요.

그럼 어떻게 답을 찾아 나가면 좋을까요?

무엇보다 다양한 직업의 세계에 대해 정확하고 풍부하게 알아야 해요. 세상에는 수많은 직업이 있지만, 실제로 우리가 알고 있는 직업은 생각보다 많지 않거든요. 또 이미 알고 있는 직업도 구체적으로 무슨 일을 어떻게 하는지 잘 모르는 경우가 많답니다.

《어린이 지식ⓔ 직업 멘토》는 다양하고 생생한 직업의 세계로 안내하는 '직업 내비게이터'가 되어 줄 거예요. 각 분야에서 최선을 다하고 열정을 쏟아 자신의 꿈을 이룬 직업인들이 친절한 멘토가 되어 우리가 잘 모르는 직업 이야기를 들려주기 때문이지요. 직업 멘토들은 그 일을 어떻게 시작하게 되었는지, 무엇을 준비해야 꿈을 이루고 성공할 수 있는지, 그 일을 할 때 어렵고 힘든 점은 무엇인지, 또 어떤 기쁨과 보람을 느끼며 일하는지 등 우리가 몰랐던 흥미진진한 직업의 세계에 빠져들게 해 줄 거예요.

또한《어린이 지식ⓔ 직업 멘토》에서는 빠르게 변화하는 사회의 흐름에 발맞추어 새롭게 주목받을 미래의 유망 직업에 대해서도 알려 주어요. 패션 예측가, 공정 여행가, 다문화 코디네이터, 날씨 경영 컨설턴트 등 지금은 낯설지만 앞으로 도전하면 좋은 직업에는 무엇이 있는지, 또 그 직업을 가지려면 어떻게 해야 하는지를 소개하고 있답니다.

내가 원하는 직업에 대해 좀더 자세히 알고 싶을 때, 그리고 관련 직업에 대해 궁금증이 생길 때에는 〈지식ⓔ 궁금해〉 코너를 살펴보세요. 내가 꿈꾸는 직업인이 되려면 구체적으로 무엇을 어떻게 준비해야 하는지, 또 내가 원하는 분야와 연관된 직업에는 무엇이 있는지를 알기 쉽게 핵심만 쏙쏙 모아 놓았으니까요.

《어린이 지식ⓔ 직업 멘토》 '지식과 정보' 편에서는 방송 진행자, 컴퓨터 프로그래머, 로봇 공학자, 심리학자, 문화 인류학자 등 인류에 대한 애정과 책임감으로 우리에게 지식과 정보를 전달하고 정보 세계를 더욱 발전시킨 직업을 소개합니다. 오프라 윈프리, 빌 게이츠, 데니스 홍, 프로이트, 마거릿 미드 등 우리가 좋아하고 알고 싶어 하는 멘토들의 이야기를 따라가다 보면 어느새 나의 꿈에 한 발짝 더 가까이 다가가 있을 거예요. 지금까지 전혀 관심이 없던 직업에 새로운 흥미를 느낄 수도 있고요. 자, 나의 꿈과 나의 직업을 찾아 신나는 여행을 떠나 볼까요?

차례

3부 인간 세계를 탐구하는 직업

4부 새로운 세상, 미래의 유망 직업

* 직업에 관한 이해를 돕기 위해 가상 인물로 소개했어요.

1부

지식과 정보를 세상에 전하는 직업

01 출연자와 시청자를 연결해 주는 메신저

방송 진행자 **오프라 윈프리**

★ 사람의 마음을 사로잡아라

방송 진행자는 시청자의 눈길과 마음을 끌어야 한다.
그는 출연자의 말에 귀 기울이며, 적당한 때 시청자들이 궁금해하는
질문을 던져 출연자의 솔직한 대답을 이끌어 내야 한다.
과연 사람의 마음을 사로잡는 방법은 무엇일까?

"앞으로 어떤 일을 하고 싶나요?"

"방송 기자가 되고 싶어요. 절망에 빠진 사람들에게
도움이 되는 것은 '진실'이라고 생각해요.
방송 기자가 되어
세상의 진실을 밝히고
억울한 사람을 돕고 싶어요.
그러면 세상은 지금보다 더 밝아질 테니까요."

1971년, 미국 내슈빌에서 열린 화재 예방 미인 대회.
새까만 피부의 키 작은 흑인 소녀가 사회자의 질문에
당당하게 대답하고 있었다.

그날
잘 차려입은 백인 소녀들을 물리치고
우승을 차지한 사람은
솔직하고 담담하게 말하던 바로 그 소녀.

생각해 보기 말을 잘하는 것이 방송 진행을 잘하는 첫 번째 조건일까요?

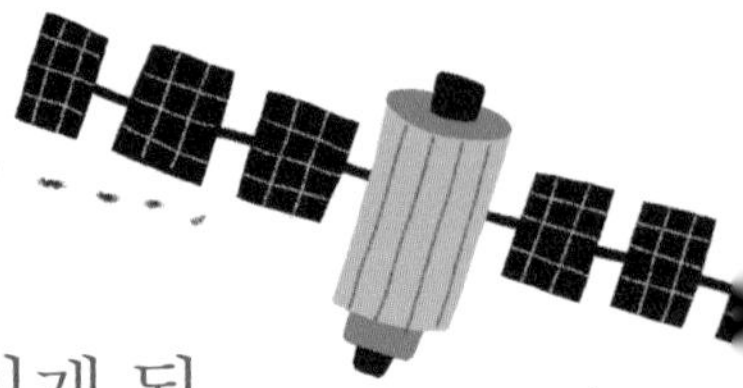

그 소녀가

훗날 '토크쇼의 여왕'이라고 불리게 된
미국의 방송인 오프라 윈프리.

토크쇼: 텔레비전이나 라디오에서
유명인 등을 초대하여
대화를 나누는 프로그램.

윈프리는
1986년부터 2011년까지
미국 CBS 방송에서
무려 25년 동안 5,000회나 자신의 이름을 건
〈오프라 윈프리 쇼〉를 진행했다.

그녀의 쇼는
미국의 시청자만 2,200여 만 명에 달하였고,
전 세계 140여 나라에서 방영되었다.

미국인들은
낮 시간대 텔레비전 토크쇼 시청률 1위를
20년 넘게 지켜 온
〈오프라 윈프리 쇼〉의 진행자인 그녀를
가장 좋아하는 방송 진행자로 꼽았다.

방송 진행자는

막힘없이 방송을 진행해야 한다.

말솜씨 못지않게

빠르게 상황에 대처할 수 있는

순발력과 대담성이 필요한 이유다.

오프라 윈프리는
고등학생 때부터 라디오 방송을 했고,
열아홉 살 때에는 지역 방송에서
저녁 뉴스 공동 진행자를 맡았다.

그녀가 일찌감치
방송에서 역량을 발휘할 수 있었던 이유는
뛰어난 말솜씨와 순발력.

그 밑바탕은
바로 책 읽기.
다양한 책을 읽으며
자신만의 생각을 키워 나가
어떤 상황에서도
안성맞춤의 말을 할 수 있는
능력자가 되었다.

안성맞춤: 말이나 상황이 어떤 경우에 잘 어울리는 것을 이르는 말.

방송 진행자에게는
솔직함과 자연스러움이 중요하다.

다른 토크쇼들이
정보의 전달에 초점을 맞추고 있을 때
〈오프라 윈프리 쇼〉는
서로 주고받는 대화 방식을 택했다.

윈프리는
미리 계산된 진행이 아니라
솔직한 대화를 통해
진심에서 우러나오는
진행을 했다.

출연자가 눈물을 흘리면
슬픔을 가라앉힐 시간을 주었고
출연자가 분노하면
화를 삭일 시간을 주었다.

때로는 윈프리 자신이
화를 내거나 울기도 했다.

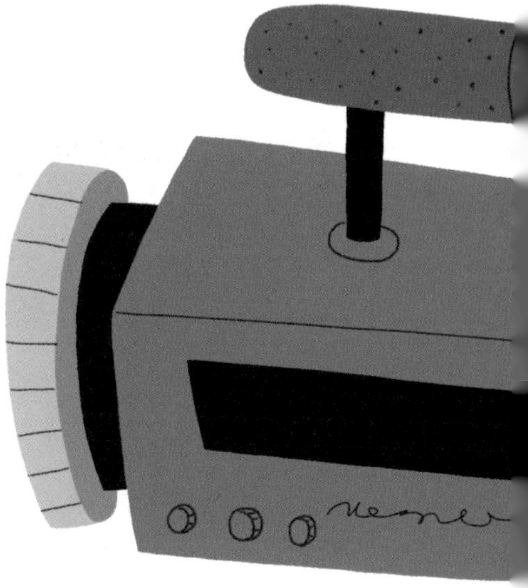

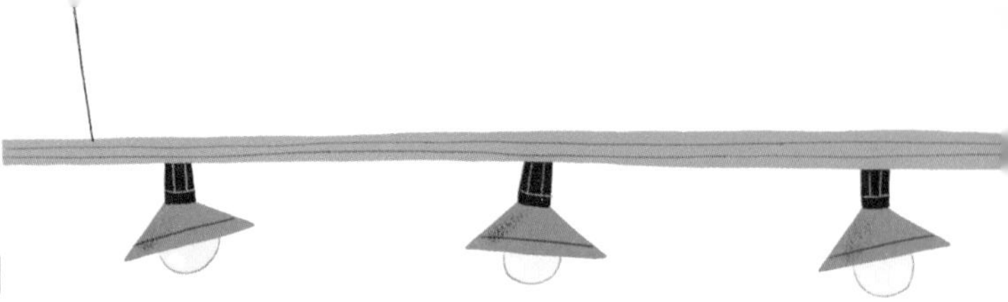

출연자와 함께
울고 웃고 화내며 기뻐하는
솔직하고 자연스러운
윈프리의 모습은
시청자들의 공감을 얻게 되었다.

이로써 자신을 드러내는
자기 고백적 형태의 새로운 토크쇼가
대중적 형식으로 자리 잡았다.
이러한 변화의 중심에는
공감 능력과 감정 표현이 남다른
방송 진행자 윈프리가 있었다.

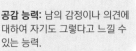

공감 능력: 남의 감정이나 의견에 대하여 자기도 그렇다고 느낄 수 있는 능력.

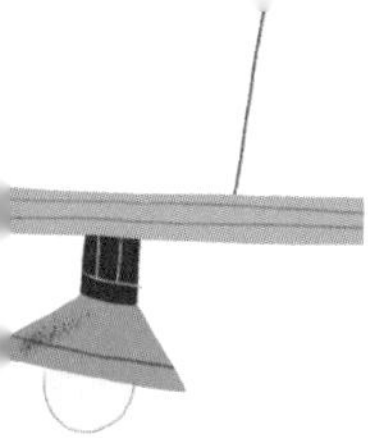

사생아로 태어나
성폭행을 겪고
마약에 빠지는 등
불우한 어린 시절을 보낸 오프라 윈프리.

그러나 그녀는
꿈을 이루기 위해
끊임없이 노력했고
자신의 길을 찾았다.

사생아: 혼인 관계가 아닌 남녀 사이에서 출생한 아이.

"아, 감사합니다.
내가 해야 할 일을 찾았어요.
내겐 이 일이 마치 숨 쉬는 것처럼
편안해요."

윈프리가 첫 토크쇼를 마치고 한 말이다.

지식e 궁금해!

방송 진행자가 되고 싶다고요?

방송 진행자는 방송을 통해서 각종 정보를 전달하거나 프로그램을 진행하는 사람이에요. 텔레비전이나 라디오에서 뉴스나 기상 정보, 스포츠 소식을 전달하고, 쇼 프로그램이나 교양 프로그램, 스포츠 중계를 진행하기도 해요.

방송 진행자는 대체로 대본에 따라 진행을 하지만, 상황에 따라서는 재치 있는 말로 분위기를 이끌어야 하기 때문에 순발력과 순간 대처 능력이 필요하지요. 또 말을 통해 정보를 전달하기 때문에 정확한 발음과 언어 구사력 등 올바른 우리말을 쓸 수 있는 능력도 중요해요. 방송 진행자는 보통 아나운서가 맡는 경우가 많지만 연기자나 가수처럼 다른 분야의 사람이 맡기도 해요. 또 전문적인 분야의 방송일 경우에는 학자나 그 분야의 전문가가 담당하지요.

방송 진행자가 되는 가장 일반적인 방법은 방송사에서 뽑는 아나운서가 되는 거예요. 아나운서가 되기 위해서는 따로 정해진 전공 학과는 없지만 대학에서 신문 방송학 등 방송 관련 학과를 전공하면 도움이 되지요. 또 방송사에서 운영하는 방송 아카데미나 사설 교육 기관에서 교육을 받을 수도 있어요. 미디어 시대이니만큼 아나운서를 지망하는 사람들이 늘어나면서 경쟁이 치열해졌기 때문에 아나운서가 되기 위해서는 많은 노력이 필요해요.

방송 진행자도 하는 일이 달라요

*** 뉴스 진행자**

기자가 취재해 온 기사 내용을 최종적으로 정리해 뉴스를 진행하는 사람으로, 보통 '앵커'라고 불러요. 뉴스를 전달하고, 취재 기자를 연결해 현장 소식을 듣거나 특정 인물을 인터뷰하기도 하지요. 뉴스는 대부분 생방송으로 진행하기 때문에 경험이 많은 사람이 맡는 편이에요.

*** 교양 · 오락 프로그램 진행자**

건강, 문화 등의 교양 프로그램이나 토크쇼, 공개 쇼 등의 오락 프로그램을 진행하는 사람이에요. 지식과 재미의 전달을 적절히 조절하고 프로그램을 막힘없이 진행할 수 있어야 해요.

*** 토론 프로그램 진행자**

여러 사람이 모여 사회적인 이슈를 토론하는 토론 프로그램이나 특정한 사람을 만나 인터뷰하는 대담 프로그램을 진행해요. 출연자들 사이의 의견을 조율하고 상황에 맞는 질문을 통해 토론이 활발하게 이루어지도록 하는 능력이 필요하지요.

*** 스포츠 중계 진행자**

스포츠 경기를 중계하거나 스포츠 뉴스를 진행해요. 스포츠 중계는 대본 없이 경기의 흐름에 따라 진행해야 하기 때문에 순발력과 상황 판단력이 중요해요. 또 자신이 중계하는 스포츠 종목에 대한 지식이 풍부해야 하지요.

*** 라디오 음악 프로그램 진행자**

라디오의 음악 프로그램을 진행하는 사람이에요. 주로 음악과 함께 청취자들이 보내온 사연을 소개하지요. 화면 없이 목소리로만 내용을 전달해야 하기 때문에 정확한 발음과 음악에 대한 폭넓은 배경지식이 필요해요.

02 자유와 정의의 수호자

기자 **에드워드 머로**

★ 객관적이고 균형 있게 사실을 전달한다

기자는 사건 현장에서 일어난 사실을 객관적으로 전달·보도한다. 그는 소신을 갖고 양심에 따라 자유와 정의와 민주주의를 수호하는 일에 앞장선다. 그렇다면 객관적 사실과 정의는 어떤 관계에 있을까?

1938년 3월, 오스트리아의 수도 빈.
미국 CBS 라디오의 유럽 특파원이
다급한 목소리로
뉴스를 전하고 있었다.

"히틀러가 지금 여기 빈의
임페리얼 호텔에 있습니다.
내일은 대대적인 퍼레이드와 함께
중대 발표가 있을 예정입니다."

곧 일어날 제2차 세계 대전에 앞서
독일에 의한 오스트리아 합병을
알리는 매우 중요한 뉴스였다.

합병: 둘 이상의 나라가 하나로 합쳐지는 일, 또는 그렇게 만드는 것.

당시로서는 현지에서 직접
라디오를 통해 전달된 이 뉴스가
매우 흥미로운 보도였다.

생각해 보기 언론 기능은 사실의 보도일까요, 사실의 해석일까요?

이 같은 뉴스를 전한 기자는
CBS 라디오 유럽 특파원인
에드워드 머로.

독일 군대가 오스트리아를 침공하자
머로는 폴란드의 바르샤바에서
곧장 빈으로 달려갔다.

그리하여
독일과 오스트리아의 합병이
이루어지던 시기에
세계가 주목하는 유럽의 상황을
생생하게 보도했다.

특파원: 뉴스의 취재와 보도를 위하여 외국에 파견되어 있는 언론사 기자.

빈에서 돌아온 이후
머로는 뉴욕을 중심으로
유럽 각국의 수도인
런던과 파리, 베를린과 빈에서
뉴스를 보도하는 시스템을 만들었다.

그 후 미국인들은
유럽의 소식을 알기 위해
가장 먼저 CBS로 채널을 돌렸고,
방송 진행자가
대서양 건너 머로를 부르는
'에드워드 머로 나오세요.'라는
소리를 자주 듣게 되었다.

제2차 세계 대전이 일어나자
미국에서는 유럽의 전쟁에 관여하는 것은
국익에 도움이 되지 않으니 개입하지 말아야
한다는 사람이 많았다.

하지만 머로는 많은 반대에도 불구하고
독일이 프랑스와 영국까지 침략하려 하는
유럽의 사태를 미국 국민에게 알림으로써,
미국이 민주주의를 지키기 위해 우방국들을
도와야 한다는 주장에 힘을 실었다.

결국 1942년 미국은 제2차 세계 대전에
개입하게 되었다.

우방국: 서로 우호적인 관계를 맺고 있는 나라.

기자는 현장에서 일어난 일을

신속하고 정확하게 전달해야 한다.

하지만 기자에게는

이러한 기본적인 책무 외에

균형 감각을 가지고 객관적으로

사실을 전달해야 할 의무도 있다.

머로는

미국의 국익에 앞서

민주주의에 대한 독일의 도발이

장차 전 세계에 어떤 영향을 미칠지를 예견하고

이를 막기 위해 노력했다.

도발: 남을 건드려 일이 일어나게 하는 것.

1950년에 일어난 한국 전쟁에
종군 기자로 참가하기도 한
에드워드 머로.

그는 폭탄이 떨어지는 전쟁터에도
주저하지 않고 달려갔으며,
위험을 무릅쓰고 폭격기에 탑승하기도 했다.

머로는
제2차 세계 대전 후
'매카시즘'이라는 극렬한 극우적 분위기 속에서
많은 문화 예술인과 지식인들이
공산주의자로 몰려 피해를 입는 상황을 보고,
이를 막기 위해 매카시의 거짓말과 선동을 폭로했다.
갖은 협박에도 불구하고
머로는 매카시즘에 대항했고
이는 결국 매카시즘이 잦아드는 데 큰 역할을 했다.

매카시즘: 1950년대 미국의 상원의원 조지프 매카시가 공산주의 팽창에 위협을 느끼던 사회 분위기를 이용하여 행했던 선동 정치.

머로는

자유와 정의를 위해서
자기의 소신을 굽히지 않고
용기 있게 투쟁했다.

그리고
그것이
머로에게는
기자의 양심이었다.

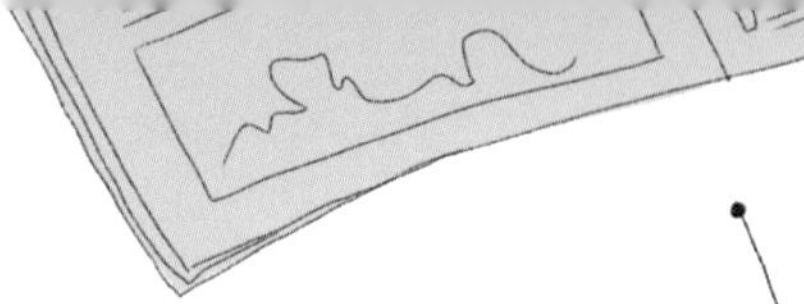

라디오의 전성기를
화려하게 보낸 그는
텔레비전이라는 새로운 미디어가 등장하자
이번에는 텔레비전에서 활약하기 시작했다.

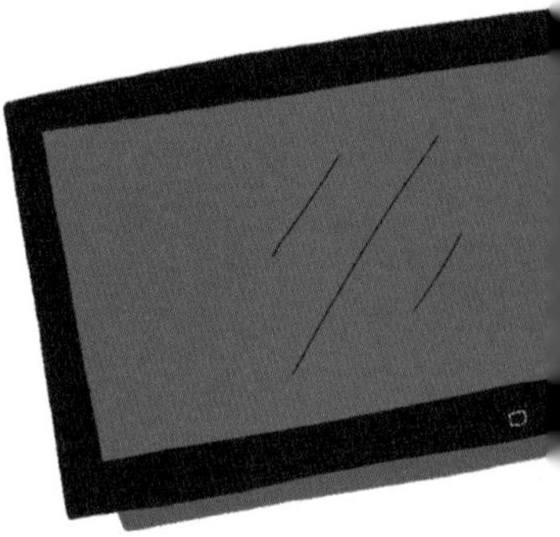

머로가 만든
텔레비전 보도 다큐멘터리
〈씨 잇 나우(See It Now)〉는
생생하고도 신속하게
뉴스 화면을 보여 줌으로써
새로운 커뮤니케이션 시대를 열었다.

1958년 시카고에서 있었던 한 연설에서
머로는 언론의 기능과 사명에 대해 말한다.

"언론인은 항상 책임을 의식하고
살아야 한다. 그리고 매스 미디어는
우리가 그것을 목적에 맞게 사용한다면
인간을 교육시키고 계몽시키며
또한 고무시킬 수 있다."

이처럼 언론인은 미디어를 수단으로
사람들을 올바른 길로 인도하는 사람이어야 한다.

★★★ **매스 미디어:** 신문, 잡지, 영화, 텔레비전
따위와 같이 많은 사람에게 대량으로
정보와 사상을 전달하는 매체를 가리키는 말.

지식e 궁금해!

세계적인 기자에는 누가 있을까요?

✶ 조지프 퓰리처

헝가리 출신의 미국 기자예요. 젊었을 때 기자가 되어 사건이 있는 곳이면 어디든 나타나 취재하여 기사를 썼어요. 사람들은 그의 정확하고 빠른 기사에 열광했지요. 하지만 비리를 끝까지 파헤치려는 그를 위협하는 사람들도 있었어요. 또 퓰리처는 신문사를 인수하여 직접 경영하기도 했지요. 그가 기부한 상금으로 훌륭한 기사를 쓴 기자에게 주는 '퓰리처상'이 만들어졌고, 이 상은 지금까지도 이어지고 있어요.

✶ 오리아나 팔라치

이탈리아의 유명한 신문 기자예요. 팔라치는 베트남 전쟁, 아프가니스탄 내전 등 전쟁터를 누비고 다닌 최초의 여성 종군 기자예요. 그녀는 이 같은 종군 활동을 통해 전쟁의 어리석음을 직접 알리려고 했지요. 전쟁에서 부상을 당한 이후에는 세계 각국의 권력자들을 대상으로 인터뷰를 했어요. 이것 역시 전쟁을 일삼는 권력자들을 비판하기 위해서였어요.

기자가 되고 싶다고요?

기자는 사회에서 일어나는 여러 가지 뉴스를 취재하여 전달하는 일을 해요. 그러기 위해서는 사회 현상을 정확하게 이해하고 객관적으로 분석할 수 있어야 하며, 정확하고 논리적인 글을 쓸 수 있어야 해요. 현재 활동하는 기자 중에는 대학에서 사회학, 신문 방송학 등을 전공한 사람이 많아요. 기자가 되려면 신문사나 방송사, 잡지사에서 치르는 시험에 합격해야 하는데 경쟁이 치열해서 최선을 다해 준비해야 해요. 기자 시험에 합격하려면 영어와 한자 능력, 시사에 관한 상식이 필요해요. 방송 기자의 경우에는 카메라 테스트도 통과해야 하지요.

미디어에 따라 기자도 달라요

*** 신문 기자**

신문을 통해 뉴스를 전달하는 기자예요. 뉴스를 취재하는 취재 기자, 글의 내용을 다듬는 교열 기자, 기사의 자리를 잡고 제목을 만드는 편집 기자가 있어요. 정확하고 논리적으로 글을 쓸 수 있는 능력이 필요해요.

*** 방송 기자**

텔레비전과 라디오를 통해 뉴스를 전달해요. 방송 기자는 취재를 나갈 때 카메라 기자와 함께 나가요. 뉴스를 전하는 모습을 영상으로 찍어야 하기 때문이지요. 사람들이 잘 알아들어야 하기 때문에 발음이 정확해야 해요.

*** 잡지 기자**

일주일이나 한 달에 한 번씩 나오는 잡지를 통해 소식을 전해요. 마감 때가 되면 기사를 모아 잡지를 만드느라고 아주 바빠요. 신문이나 방송 기자처럼 소식을 바로 전하지는 않지만 깊이 있는 기사를 쓰지요.

03 자연의 신비를 보여 주는 전달자

다큐멘터리 프로듀서 **데이비드 애튼버러**

★ 생명에 대한 경외와 존중심을 가져라

다큐멘터리 프로듀서는 자연의 신비로운 모습이나 삶의 순간을 생생하게 포착하여 시청자에게 전달한다. 그가 만든 영상은 궁극적으로 자연과 삶에 대한 경외와 존중의 산물이다. 자연 다큐멘터리를 만드는 사람이 가져야 할 진정한 태도는 무엇일까?

어려서부터
극락조에 관심이 많아
야생 극락조를 보기 위해
태평양의 뉴기니로
여러 차례 탐사 여행을 떠났던
데이비드 애튼버러.

극락조: 세계에서 가장 아름다운 새로 알려진 풍조과의 새.

"아름답고 경이로운 새들의 행동을
많은 사람이 볼 수 있으면 좋을 텐데……."

결국 그는
야생 극락조의 구애 행동을 담은
〈낙원의 애튼버러〉를 만들어 방송함으로써
자신의 꿈을 이루었다.

뉴기니: 오스트레일리아 북쪽에 있는 섬으로, 세계에서 두 번째로 크다.

생각해 보기 위대한 자연의 신비로움을 경탄의 눈으로 지켜본 적이 있나요?

애튼버러는 50여 년 동안

〈지구의 삶〉, 〈식물의 사생활〉, 〈살아 있는 지구〉 등

세계적으로 유명한 자연 다큐멘터리를 제작해

최고의 자연 다큐멘터리 프로듀서가 되었고

지금은 '다큐멘터리의 아버지'라 불린다.

그는 자신이 만든 다큐멘터리의
해설도 맡았으며,
자연에 대한 기록을 바탕으로
여러 권의 책도 저술했다.

이처럼 자연과 교감하는 그를
영국의 비평가들은
'다윈과 닥터 두리틀의 절묘한 조합'이라고
평했다.

닥터 두리틀: 미국 코미디 영화의 주인공으로, 동물과 대화할 수 있는 독특한 능력을 가진 박사.

자연 다큐멘터리 프로듀서는
자연의 신비로운 장면을
영상으로 기록하여
시청자에게 전달한다.

애튼버러는
그 장면을 찾기 위해
태평양의 뉴기니와 아프리카의 케냐,
북극과 마다가스카르 등
세계 곳곳과 오지를 탐사했다.

마다가스카르: 아프리카 대륙 동쪽 해안에 위치한 섬나라.

그는 왕성한 호기심으로
자연을 꼼꼼하게 관찰했고,
그 관찰을 영상으로 남겼다.

애튼버러는
자신의 다큐멘터리가
자연의 신비를
시청자의 눈앞에 끌어내고,
더 나아가 시청자들이
인생에 대한 새로운 경의와 존중을
더욱 고양시켜 나가는
계기가 되기를 희망했다.

자연 다큐멘터리 프로듀서는
자연에 대한 사랑은 물론이고
끈기와 인내를 가져야 한다.

자연의 신비를 찾아서
세계 각지를 돌아다녀야 하고,
한 장면을 담기 위해
기다리고 또 기다려야 하기 때문이다.

이런 노력의 결과로 애튼버러는

마운틴고릴라의 생활 모습을 비롯해

물개를 사냥하는 범고래의 모습과

극락조의 화려한 구애 행위에 이르기까지

자연의 아름답고도 신비로운 장면들을

생생하게 담을 수 있었다.

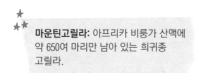

마운틴고릴라: 아프리카 비룽가 산맥에 약 650여 마리만 남아 있는 희귀종 고릴라.

애튼버러는
자연 다큐멘터리 프로듀서로서
한 걸음 더 앞서 나갔다.
사람들이 상대적으로
하찮게 여기는 식물에 주목하여
식물의 새로운 면모를 보여 준 것.

고속 촬영 기법: 정상적인 촬영 속도보다 빠르게 촬영하여 느린 화면을 얻는 방법. 아주 천천히 일어나는 현상을 보여 줄 때 사용한다.

다큐멘터리 〈식물의 사생활〉은
고속 촬영 기법으로
식물이 동물을 잡아먹는 등
살기 위해 몸부림치는 모습을 실감나게 전해 주었다.

식물도 동물처럼 움직이고, 먹이를 찾고, 생식하며
또 싸우기도 한다.
식물이 동물과 다른 점은 단지
우리가 알아채기 힘들 만큼 행동이 느리다는 것뿐이다.

데이비드 애튼버러는 말한다.

"나는 식물 세계의 시간을
사람들이 바로 느낄 수 있는
시간으로 바꿔서
식물의 감춰진 삶을
우리 삶의 시간 단위로
끌어들이고자 노력했다."

지식e 궁금해!

다큐멘터리 프로듀서가 되고 싶다고요?

텔레비전이나 라디오 방송 프로그램을 기획하고 만드는 일을 지휘하며, 최종적으로 결정하고 책임지는 사람을 '방송 연출가' 또는 '프로듀서(PD)'라고 해요. 프로듀서는 어떤 프로그램을 만들면 좋을지 결정하는 일부터 누구를 출연시키고 프로그램을 어떻게 구성할지에 이르기까지 모든 일에 관여하지요. 보통 프로듀서는 방송국에 입사해서 다양한 프로그램을 연출하다가 자신의 전문적인 분야를 갖게 돼요. 드라마를 만드는 드라마 프로듀서, 교양 프로그램이나 다큐멘터리를 만드는 교양 프로듀서, 토크쇼나 음악 쇼를 만드는 예능 프로듀서, 라디오 프로그램을 만드는 라디오 프로듀서 등이 있어요.

프로듀서는 사람들이 좋아하는 새로운 프로그램을 만들어야 하기 때문에 호기심과 창의력이 있어야 해요. 또 프로그램을 만드는 여러 사람을 지휘해야 하기 때문에 리더십과 책임감도 필요하지요. 다른 프로그램을 만드는 프로듀서도 마찬가지지만 특히 자연 다큐멘터리를 만드는 프로듀서는 끈기와 도전 정신이 있어야 해요. 자연의 신비로운 모습을 잡아내기 위해서 오지나 해외로 나가 1년 이상씩 그곳에 머물며 촬영을 해야 하는 경우가 많기 때문이에요.

프로듀서가 되기 위해서는 대학에서 신문 방송학, 방송 영상학 등을 전공하거나 동아리 활동, 방송 아카데미 등을 통해 방송 제작 경험을 쌓으면 도움이 돼요. 방송사에서 치르는 프로듀서 시험은 경쟁률이 매우 높답니다.

방송과 관련된 직업이 궁금하다고요?

* 방송 작가

방송 프로그램의 대본을 쓰는 일을 해요. 텔레비전이나 라디오에서 출연자들이 하는 재미있는 말이나 진행자가 전해 주는 정보는 대부분 미리 쓰인 대본에 따른 것이에요. 이와 같은 방송 대본이나 드라마의 대본을 쓰는 사람이 방송 작가예요. 드라마 대본을 쓰는 드라마 작가와 다큐멘터리, 교양 프로그램의 대본을 쓰는 구성 작가로 나뉘어요.

* 리포터

텔레비전이나 라디오에서 직접 취재한 내용을 소개하는 일을 해요. 현장에 가서 특별한 소식을 전하거나, 음식을 먹어 보고 여행을 떠나는 등 우리가 하지 못하는 체험을 대신하며 정보를 전달해 주지요.

* 촬영 감독

프로듀서와 의논하여 방송 화면을 만들어 내는 일을 해요. 야외나 스튜디오에서 촬영할 때 프로그램 내용에 따라 카메라의 위치를 정하고, 인물과 배경에 맞추어 가장 좋은 화면이 나올 수 있도록 하지요.

* 음향 감독

방송에 나오는 수많은 소리가 화면과 잘 어울리도록 조절하는 일을 해요. 단순하게 소리를 전달하는 것뿐만 아니라 여러 소리를 섞어 화면에 가장 잘 어울리는 소리를 만들기도 해야 하기 때문에 음향 기기에 대해 잘 알아야 해요.

04 지성과 인성의 조화를 가르치는 스승

교사 노은실*

★ 모범적인 품성과 인격을 갖춰라

혼자서 대부분의 과목을 가르치는 초등학교 교사에게는 다양한 과목에 대한 폭넓은 지식이 요구된다. 그러나 무엇보다도 중요한 것은 어린 학생들을 잘 보살피고 사랑할 줄 아는 인성이다. 사랑이 깃든 지식이란 어떤 것일까?

아침 7시 30분.
교육 대학 4학년 학생으로
교육 실습을 나온 김훈남 교생은
설레는 가슴을 안고 교문을 들어섰다.

실습 기간 동안
자신을 지도해 줄 4학년 2반 담임
노은실 선생님과 인사를 나누었다.

"오늘은 첫날이니 제가 가르치는 것을
잘 봐 두세요."

어릴 때부터
꿈꿔 왔던
초등학교 교사가 되기 위한
첫걸음이 시작되었다.

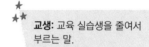

교생: 교육 실습생을 줄여서 부르는 말.

생각해 보기 초등학교 교사와 중학교 교사의 가장 큰 차이점은 무엇일까요?

오전 9시.

1교시 수학 수업을 시작으로

국어, 미술, 과학 수업이 이어졌다.

노은실 선생님의 수업을

유심히 지켜보면서 김훈남 교생은

과목별로 어떻게 가르쳐야 학생들에게

도움이 되는지 수업 모습을 머릿속에

잘 담아 두었다.

초등학교 교사는 학생들에게

모든 과목을 다 가르쳐야 한다.

전담 과목 선생님이 가르치는

과목도 일부 있지만

기본적으로는 모든 과목을 맡고 있다.

그래서 초등학교 교사에게는

국어, 수학 같은 과목 외에도

음악, 미술, 체육, 실과 등

다양한 과목에 대한

폭넓은 지식과 전달 능력이 요구된다.

전담 과목: 영어, 음악 등의 특정 과목으로, 전문적으로 담당하는 선생님이 맡아서 가르친다.

오후 12시 10분, 점심시간.
노은실 선생님은 학생들을 급식실로 데려가
기다리는 동안 떠들거나 장난치지 않도록 지도했다.
밥을 먹을 때 편식하는 학생에게는
음식을 남기지 않도록 타일렀고,
마지막에 식판 검사까지 끝내고 나서야
식사를 했다.

'휴, 선생님은 점심시간에도
무척 할 일이 많구나!'

초등학교 교사는
학생들이 원만한 대인 관계를 맺으며
더불어 살아갈 수 있도록 사회성을 길러 주고,
급식 및 등하교와 관련된
기본 생활 습관도 가르친다.
또 학교 안팎에서 일어날 수 있는
안전사고나 폭력을 예방하고
학생들에게 성교육도 실시해야 한다.

초등학생에게
학교는 가정만큼이나
중요한 곳이기 때문에
기본적인 생활 지도가
학습 지도 못지않게
중요하다.

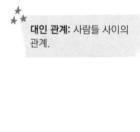

대인 관계: 사람들 사이의 관계.

오후 2시 40분.

수업이 끝나고

하교 시간이 되었다.

노은실 선생님은

학생들에게 책가방을 싸게 하고

청소 당번을 알려 주었다.

학생들이 하교한 후에는

청소 지도를 하였고,

찾아온 학부모와

상담도 했다.

학생들이 하교한 후에도 교사는 할 일이 많다.
학습 계획을 세우고 과제물을 검사하며
시험 문제를 내고 시험지 채점도 한다.
또 전학이나 입학 관련 업무와
학부모 상담, 학교 행사 준비 등도
방과 후에 해야 한다.

학생들을 가르치며
느끼는 보람과 즐거움도 크지만
많은 학생들을 돌봐야 하기 때문에
육체적, 정신적 스트레스도 많이 받는다.

오후 4시 30분.
노은실 선생님의 업무가 거의 끝나고 나서야
이야기를 나눌 짬이 생겼다.
"이제 4학년이니 졸업 후에 꼭 시험에 합격해서
훌륭한 교사가 되기를 바랄게요."

교육 대학을 졸업하면 저절로 초등학교 교사가 되는 것은 아니다.
나라에서 치르는 교원 임용 시험에 합격해야 한다.

"초등학교 교사는 방학을 어떻게 보내나요?"
김훈남 교생은 궁금한 것을 물었다.

"초등학교 교육 과정이 조금씩 변하기 때문에
방학에는 교육청에서 주관하는
교사 연수 프로그램에 참여해서
새로운 수업 방법과 변화하는 지식을 배워야 해요."

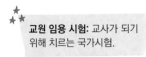

교원 임용 시험: 교사가 되기 위해 치르는 국가시험.

교생 실습 첫날을 마치고 학교를 나오면서
김훈남 교생은 노은실 선생님이 들려준 이야기를
절대 잊지 않아야겠다고 다짐했다.

"초등학생에게는
다른 사람들과 원만하게 지낼 수 있도록
바람직한 인성을 길러 주는 것이 학습 지도보다 더 중요해요.
그러기 위해선 교사 자신이
학생들에게 모범이 될 수 있는
도덕성과 인격을 갖춰야 하지요!"

지식e 궁금해!

교사가 되고 싶다고요?

*** 초등학교 교사**

초등학교 교사는 초등학교에서 학생들에게 거의 모든 과목을 가르쳐요. 그러니까 다양한 분야에 관심이 많으면 좋아요. 또 어린 학생들과 함께 생활하며 가르쳐야 하니까 어린이를 사랑하고 좋아하는 마음도 있어야 하지요.

초등학교 교사가 되기 위해서는 각 지역의 교육 대학을 졸업하거나, 한국 교원 대학과 사범 대학 중 초등 교육과가 있는 대학에서 초등 교육을 전공하여 교사 자격증을 받아야 해요. 대학에서는 교육 행정과 생활 지도, 교수법, 아동 심리와 함께 음악, 미술, 체육 등 다양한 이론과 실기를 배우지요. 그렇지만 자격증을 받았다고 초등학교 교사가 되는 것은 아니에요. 나라에서 실시하는 초등 교원 임용 시험에 합격해야 초등학교 교사가 될 수 있어요.

*** 중등학교 교사**

중등학교는 중학교와 고등학교를 합해서 부르는 말이에요. 중등학교 교사는 중 · 고등학교에서 학생들에게 자신이 전공한 담당 과목을 가르쳐요. 그러니까 초등학교 교사보다는 전문성이 더 요구되지요. 중등학교 교사가 되려면 사범 대학이나 한국 교원 대학을 졸업하거나, 교직 과정이 있는 일반 대학에서 교직 과정을 거쳐서 중등 교사 자격증을 받아야 해요. 그런 후에 나라에서 실시하는 중등 교사 임용 시험에 합격하면 중등학교 교사가 될 수 있어요.

*** 유치원 교사**

유치원 교사는 유치원에서 어린아이들의 교육을 담당해요. 아이들이 아직 어리기 때문에 기본적인 학습 지도도 해야 하지만 단체 생활을 잘할 수 있도록 돕는 생활 지도가 더욱 중요하지요. 유치원 교사가 되려면 대학의 유아 교육과를 졸업하거나 유아 교육 관련 학과에서 일정 기준 이상의 성적을 얻어 유치원 교사 자격증을 받아야 해요. 자격증을 받은 후에 유치원 교사 임용 시험에 합격하면 국공립 유치원이나 초등학교 병설 유치원의 교사가 될 수 있어요.

교사가 되기 위해서는 교육 실습을 받아야 해요

교육 실습은 교사가 되기 위해 공부하는 대학생들이 4학년 때 직접 학교에 가서 학생들과 함께 생활하는 것을 말해요. 교육 실습생을 줄여서 보통 '교생'이라고 부르지요. 학생들을 가르치는 일은 매우 중요하기 때문에 교육 실습은 교사가 되려는 대학생이라면 꼭 거쳐야 하는 과정이에요. 실습을 나가게 되면 학교에서 학생들의 생활을 직접 관찰하고, 담임교사의 지도를 받아 학생들을 직접 가르치는 등 교사 생활을 미리 체험해 볼 수 있어요.

05 문화와 문화를 연결하는 가교

번역가 **김석희**

★ 문화적, 역사적 맥락까지 이해한다

번역가는 한 나라의 언어로 표현된 지식과 정보를
다른 나라의 언어로 바꾸어 전달함으로써 문화 사이의 창구 역할을 한다.
번역을 통해 세계는 하나가 된다.
번역을 잘하기 위해서 필요한 것은 무엇일까?

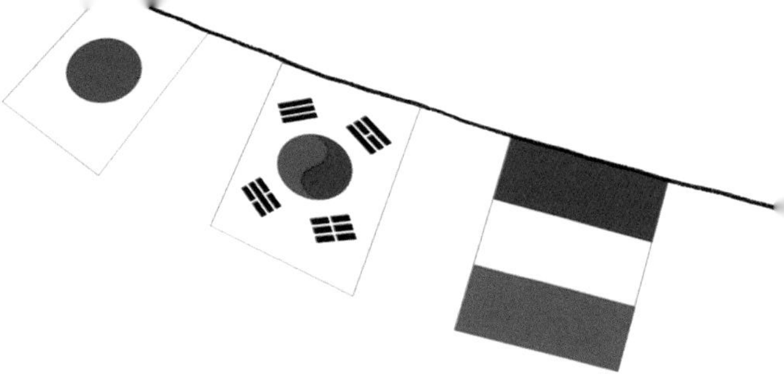

1972년 봄.
문학을 동경하던
제주의 한 청년이
대학 입학을 위해
서울에 첫발을 내디뎠다.

'좋은 글을 쓰는
훌륭한 문학가가 되어야지!'

이후
대학과 대학원을 마친 청년은
소설가로 등단하던 바로 그 시기에
번역가의 길로도 접어들었다.

등단: 문학 작가로서 처음 등장하는 것을 가리키는 말.

1988년 재일 교포 작가 김석범의
소설《화산도》를 우리말로 옮긴 게
번역가로서의 첫걸음.

생각해 보기 좋은 글을 쓴다는 것과 좋은 번역을 한다는 것은 어떻게 다를까요?

이 청년이 바로
신춘문예를 통해 데뷔한 소설가이자
우리나라 최고의 번역가 김석희.

그는 영어, 일어, 프랑스 어 등의
작품 번역을 통해
문화 간 소통의 창구 역할을 했다.

김석희는

번역을 시작한 이래

30여 년에 걸쳐

시오노 나나미의《로마인 이야기》를 비롯하여

존 파울즈의《프랑스 중위의 여자》,

허먼 멜빌의《모비 딕》 등

모두 180종 250권이 넘는 책을

우리에게 소개했다.

또한 번역을 하는 틈틈이

소설도 써

1989년 단편집《이상의 날개》와

1991년 장편《섬에는 옹달샘》을

출간하기도 했다.

번역가는 한 언어로 된 작품을 다른 언어로 바꿔
서로 다른 언어권의 사람들이 소통하도록 한다.

번역을 제대로 하려면
먼저 책을 제대로 읽어야 한다.

따라서 번역가에게
번역이란
'글 읽기'와 '글쓰기'의 통합이다.

김석희는
원작의 의미와 감동 그대로를
생생하게 전달하는
우리나라 최고의 번역가로 이름이 높다.

그의 번역문이 잘 읽히는 것은
능숙하게 글을 잘 쓰기 때문이다.
소설 쓰기로 다진 우리말 문장 실력을
번역에서도 유감없이 발휘했다.

글을 잘 쓰려면
문장력과 어휘력이 좋아야 하기 때문에
번역가는 평소 좋은 글을 많이 읽어야 한다.

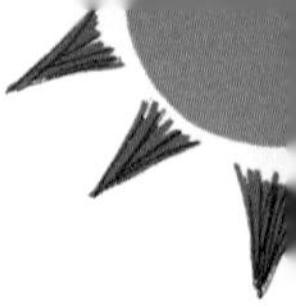

번역은 단순한 독해 작업이 아니라
글쓰기로 완성되는 것이기 때문에

원문에 갇혀 있기보다는
완성도 있는 문장으로 전달해야 한다.

그러기 위해서는

외국어 능력뿐만 아니라
원작이 탄생하게 된 문화적 배경과
역사적 맥락까지 이해해야 한다.

이것이 김석희의 번역이
다른 번역과 차별되는 이유다.

★★★ **원문:** 원래의 글.

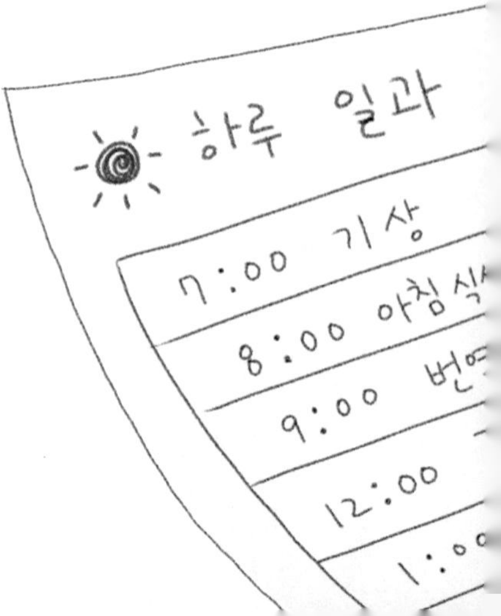

그는

하루 24시간을 셋으로 쪼개어

8시간 자고, 8시간 쉬고, 8시간 책상에 앉아

번역 작업을 한다.

"나에게 번역은 직업이다.

8시간 노동제를 어떻게든 지키려 한다."

하루 8시간 노동으로서의 번역.

그의 번역이 독자에게 신뢰를 받는 것은

바로 이러한 성실성과 부지런함 때문이다.

번역가는

당대의 영향력 있는 문화적 자산뿐만 아니라

시대를 뛰어넘어 인류가 생산해 낸

다양한 지식과 정보,

그리고 풍부한 문화적 감동을

독자에게 전달해야 한다.

첨병: 어떤 일에 있어서 앞장서는 위치에 있는 사람이나 단체 등을 비유적으로 이르는 말.

그럼으로써

문화 사이의

창구 역할뿐만 아니라

한 언어권의 지식과 정보를

자극하여 발전시키는

문화적 첨병의 역할도 한다.

김석희는 말한다.

"번역이란
말이 아닌 글로 옮기는 작업이다.
그렇기에 언어적 기술을 바탕으로 하면서도
대단히 미학적인 작업이다.
외국어 공부 못지않게
글쓰기 공부가 필요한 이유가
거기에 있다."

이것이
번역을 '제2의 창작'이라고
부르는 이유다.

지식e 궁금해!

번역가가 되고 싶다고요?

번역가는 외국어로 쓰인 글을 우리말로 옮기는 작업을 해요. 반대로 우리말로 쓰인 글을 외국어로 옮기는 작업도 하지요. 나라 사이의 교류가 활발한 요즘에는 각 나라가 서로의 출판물을 볼 필요가 많아요. 번역가는 각 나라의 말로 쓰인 문서나 책을 정확하게 옮겨서 바르게 이해할 수 있도록 하지요.

번역은 단순히 외국어를 잘하는 것만으로는 부족해요. 글의 내용을 제대로 이해할 수 있도록 번역하려면 해당 국가의 문화나 관습, 언어생활에 대해서도 잘 알고 있어야 해요. 그렇지 않으면 어떤 나라에서 쓰이는 농담이나 속담, 반어법같이 그 나라 사람이 아니면 알 수 없는 것을 다른 나라 사람이 이해할 수 있도록 제대로 번역하기 어렵지요. 이처럼 번역가에게는 다양한 지식과 경험이 필요하기 때문에 전문가로 인정받기까지는 꽤 오랜 시간이 걸려요.

번역가가 되는 특별한 길은 따로 없어요. 외국어 실력이 중요하기 때문에 대학에서 외국어를 전공하거나 유학 등을 통해 해당 언어와 그 나라에 대한 지식을 쌓으면 도움이 돼요. 그런 후에 여러 책을 번역하면서 경험을 쌓아 가면 전문 번역가가 되는 거예요. 번역가를 위한 국가 자격증은 없지만 한국 번역가 협회에서 실시하는 번역 능력 인정 시험을 거쳐 민간 번역사 자격증을 받을 수는 있어요.

번역에도 전문 분야가 있다고요?

* 문학 번역

문학 번역은 소설이나 시뿐만 아니라 인문, 사회, 과학 분야의 책이나 사람들에게 인기 있는 작품을 번역하는 일이에요. 문학 번역가는 외국의 작품을 우리말로 옮기는 일과 함께 우리나라의 문학 작품을 세계에 널리 알리기 위해 우리말을 외국어로 옮기는 일을 하기도 해요.

* 영상 번역

영상 번역은 영화나 드라마, 만화, 다큐멘터리, 뉴스 등 영상물의 대사를 우리말 대사로 옮기거나 자막용으로 번역하는 일이에요. 또한 우리나라의 기업이나 기관, 제품 등을 외국에 소개하는 홍보용 영상의 설명을 외국어로 번역하는 일도 여기에 해당되지요.

* 전문 서류 번역

전문 서류 번역은 정치, 경제, 사회, 문화, 예술, 과학, 기술 분야 등 전문적인 내용의 서류를 번역하는 일이에요. 전문 서류 번역가는 전문 분야의 논문은 물론이고, 기계 설명서와 같은 특별한 자료에 이르기까지 전문 분야의 모든 자료를 번역하지요.

2부

정보 사회를 이끌어 가는 직업

06 인간과 컴퓨터의 매개자

컴퓨터 프로그래머 **빌 게이츠**

★ 컴퓨터를 소통의 도구로 이용하라

컴퓨터 프로그래머는 컴퓨터를 인간의 삶에 직접적으로 도움을 주는 유용한 도구로 만들어 준다. 더 나아가 컴퓨터라는 기계를 사람들 사이의 소통의 도구로 이용하고자 한다. 우리는 이 기계를 통해 더 나은 삶을 살 수 있을까?

1968년 미국.
열세 살의 빌 게이츠는
학교 과학관의 단말기를
두 눈을 반짝이며 바라보고 있었다.

'정말 굉장한 기계가 세상에 나타났군.
이걸 가지고 어떻게 재미있게 놀 수 있을까?'

그가 처음으로 만난
이 기계는 바로 컴퓨터.

이 만남이
빌 게이츠 자신뿐만 아니라
인류의 운명까지 바꿔 놓을 줄은
아무도 예상하지 못했다.

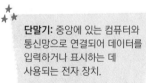

단말기: 중앙에 있는 컴퓨터와 통신망으로 연결되어 데이터를 입력하거나 표시하는 데 사용되는 전자 장치.

생각해 보기 컴퓨터 프로그램이 만든 우리 생활의 큰 변화는 무엇일까요?

그 당시 컴퓨터는 엄청나게 크고
가격이 너무 비싸서 아무나 살 수 없었다.
게이츠가 만난 단말기도
컴퓨터 회사의 본체와 연결된 것으로,
학교 어머니회에서 모은 기금으로
그 사용 시간을 산 것이 전부였다.

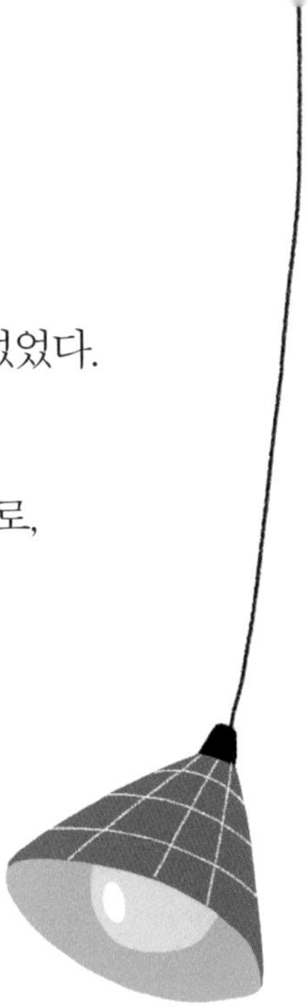

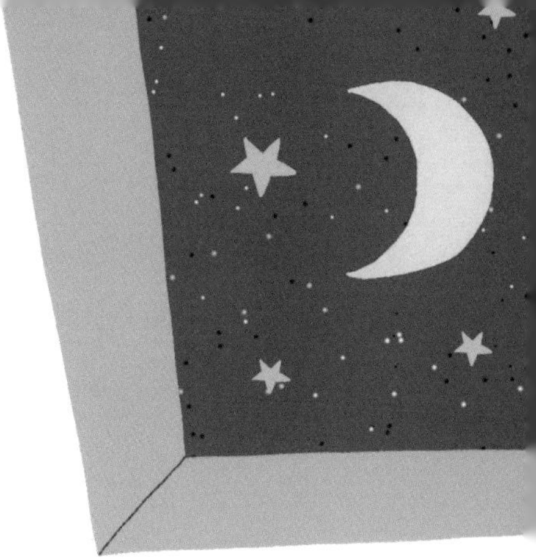

하지만 그는
입력된 명령에 따라
언제나 완벽하게 임무를 수행하는
컴퓨터에 완전히 매료되었다.

컴퓨터로 할 수 있는
재미있는 놀이를 찾던 게이츠는
서양식 오목 게임인 '틱택토 게임'을 만들었다.

그가 만든 최초의 프로그램으로
사람이 컴퓨터를 상대로
즐길 수 있는 게임이었다.

틱택토(tic-tac-toe): 두 명이 번갈아가며 O와 X를 3×3 판에 써서 같은 글자를 가로, 세로 혹은 대각선으로 놓이도록 하는 놀이.

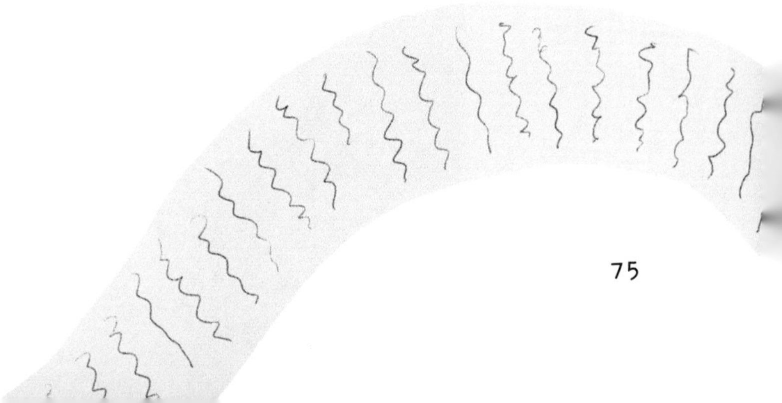

컴퓨터 프로그래머는
컴퓨터에서 사용하는
다양한 프로그램을 만든다.

문서를 작성하고
인터넷 자료를 검색하며
게임을 즐기고
음악을 듣는 일은
모두 프로그램이 있어야 가능하다.

프로그램이 없다면
컴퓨터는 고철 덩어리에 불과하다.

하지만 프로그램을 만들어도
사람들이 사용하지 않으면 무용지물.

컴퓨터 프로그래머는
사람들이 원하는 것이 무엇인지를
민감하게 알아채야 한다.

개인용 컴퓨터가 처음 등장했을 무렵에는
사용할 수 있는 프로그램이 없어
할 수 있는 게 거의 없었다.
사람들은 개인용 컴퓨터가
오래 가지 못하리라 예상했다.

빌 게이츠는 달랐다.

그는 개인용 컴퓨터가

크게 늘어날 것으로 예상하고

운영 체제: 컴퓨터 사용이 가능하도록 사람과 컴퓨터를 연결해 주는 가장 기본적인 프로그램.

개인용 컴퓨터의 운영 체제인 엠에스도스(MS-DOS)를 개발했다.

그의 예상대로

여러 컴퓨터 회사가 개인용 컴퓨터를 만들었고

엠에스도스는 모든 컴퓨터의

기본적인 운영 체제가 되었다.

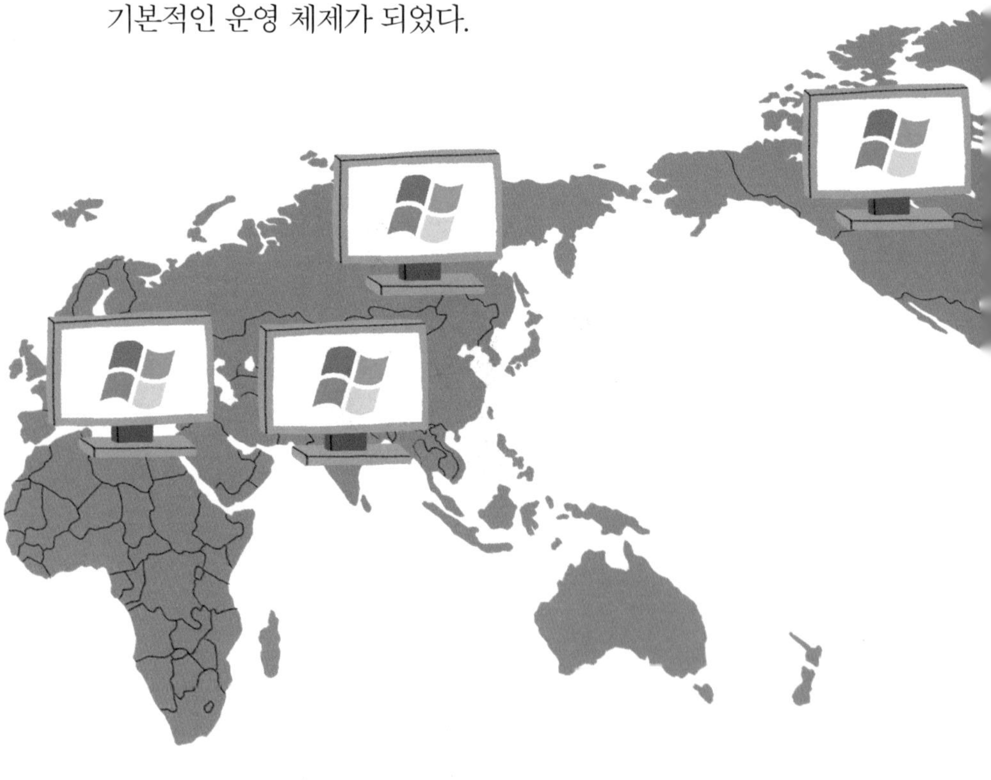

컴퓨터 프로그램은 컴퓨터가 인식할 수 있는
컴퓨터 언어로 만들어진다.
컴퓨터 언어는 논리적 순서에 따르기 때문에
프로그래머에게는 논리적, 수학적 사고력이 요구된다.

하지만 컴퓨터 프로그램을 만들 때 더 중요한 점은

컴퓨터 프로그램이 사람에게 유용해야 하며, 사람 사이에서 소통의 도구가 되어야 한다는 것.

빌 게이츠는
어떻게 하면
컴퓨터를 더 편리하게 사용할 수 있을지,
컴퓨터가 사람과 사회에 도움이 될지
끊임없이 고민했다.

그는 엠에스도스의 개발에 이어
아이콘을 누르기만 하면
프로그램이 작동하는 윈도를 개발하여
사람들이 컴퓨터를 편리하게 사용하도록 했다.
이제 윈도는 전 세계 컴퓨터의
기준이 되었다.

여기서 한 발짝 더 나아가
인터넷 익스플로러를 통해
온 인류가 서로 소통하도록 만들었다.

지금 우리가 누리는
정보 기술 중 많은 부분은
그의 창의력과 열정 덕분이다.

컴퓨터 프로그래머는
언제나 창의적이고 새로운 도전을
즐길 줄 알아야 한다.

"세상은 네가 어떻게 생각하든
상관하지 않는다.
그러니 현실에 만족하기보다
무언가를 성취해서
보여 주어라."

그가
미국 마운틴휘트니 고등학교에서
학생들에게 들려준
인상적인 강연의 한 대목이다.

지식e 궁금해!

세계적인 컴퓨터 프로그래머에는 누가 있을까요?

* 마크 저커버그

세계에서 가장 큰 소셜 네트워크 서비스(SNS)인 페이스북을 만든 미국의 컴퓨터 프로그래머이자 기업가예요. 고등학교 때 이미 컴퓨터 프로그램을 만들었지요. 하버드 대학을 다니던 중 하버드 대학 학생들이 이용하도록 만든 서비스 프로그램이 페이스북이에요. 그 후 페이스북은 일반인 사용자도 이용할 수 있도록 개선되었고, 지금은 전 세계 이용자가 수억 명이 넘는 서비스로 발전했어요.

* 데니스 리치

컴퓨터 프로그래밍 언어 중 하나인 C언어를 개발한 미국의 컴퓨터 프로그래머예요. 현재 사용하는 컴퓨터 프로그래밍 언어 대부분이 C언어의 영향을 받았어요. 또 윈도나 리눅스 같은 운영 체제도 C언어 덕분에 만들어진 것이지요. 만일 데니스 리치가 C언어를 개발하지 않았다면, 지금의 컴퓨터는 성능이 몹시 부족했을 거예요.

컴퓨터 프로그래머가 되고 싶다고요?

컴퓨터 프로그래머는 사람들이 컴퓨터를 더 편리하게 사용할 수 있도록 도와주는 일을 해요. 컴퓨터는 사람의 말을 알아들을 수 없기 때문에 컴퓨터에게 일을 시키려면 컴퓨터가 알아들을 수 있는 컴퓨터 언어를 사용해야 해요. 컴퓨터 프로그래머는 다양한 목적에 맞게 컴퓨터 언어로 명령을 만드는데, 이게 바로 컴퓨터 프로그램이에요. 컴퓨터 프로그램을 만들 때에는 프로그램이 하는 일을 순서에 따라 정확하게 배열해야 하기 때문에 논리적이고 분석적인 사고가 요구되지요. 또 문제가 생겼을 때 원인을 찾아 해결하려면 끈기와 책임감도 있어야 하지요. 나아가 새로운 프로그램을 만들려면 독창적인 사고도 필요해요.

컴퓨터 프로그래머가 되려면 대학에서 전산학이나 정보 처리학, 컴퓨터 공학 등 컴퓨터 관련 학과를 전공하거나 대학에서 세운 전자계산원 등에서 프로그래머 교육을 받으면 좋아요. 하지만 혼자서 공부하는 프로그래머도 있어요. 국가 자격증인 정보 처리 기사, 컴퓨터 운용사 등의 컴퓨터 관련 자격증이 있으면 취업을 하는 데 도움이 되지요.

컴퓨터 프로그램에도 분야가 있어요

운영 체제 프로그램

컴퓨터를 작동시키는 가장 기본적인 프로그램을 운영 체제 프로그램이라고 해요. 예를 들어 엠에스도스나 윈도 같은 프로그램이에요. 이런 프로그램은 컴퓨터에 대해 잘 모르는 사람도 컴퓨터를 쉽게 사용할 수 있도록 도와주지요.

응용 프로그램

한글이나 엑셀, 게임 같은 프로그램을 응용 프로그램이라고 해요. 이 프로그램들은 사람들이 목적에 따라 각각 일을 할 수 있도록 해 주지요. 한글로 문서를 작성하고 엑셀로 표를 만들고 게임으로 재미있게 즐길 수 있도록 말이에요.

07 게임을 예술의 경지로 끌어올린 개척자

게임 기획자 **미야모토 시게루**

★ 새로운 아이디어로 승부한다

게임 기획자는 대중이 요구하는 것에 집중한다.
사람들이 원하는 것을 파악하여 완전히 새로운 게임을 기획한다.
획기적인 아이디어와 기획력은 어디에서 오는 것일까?

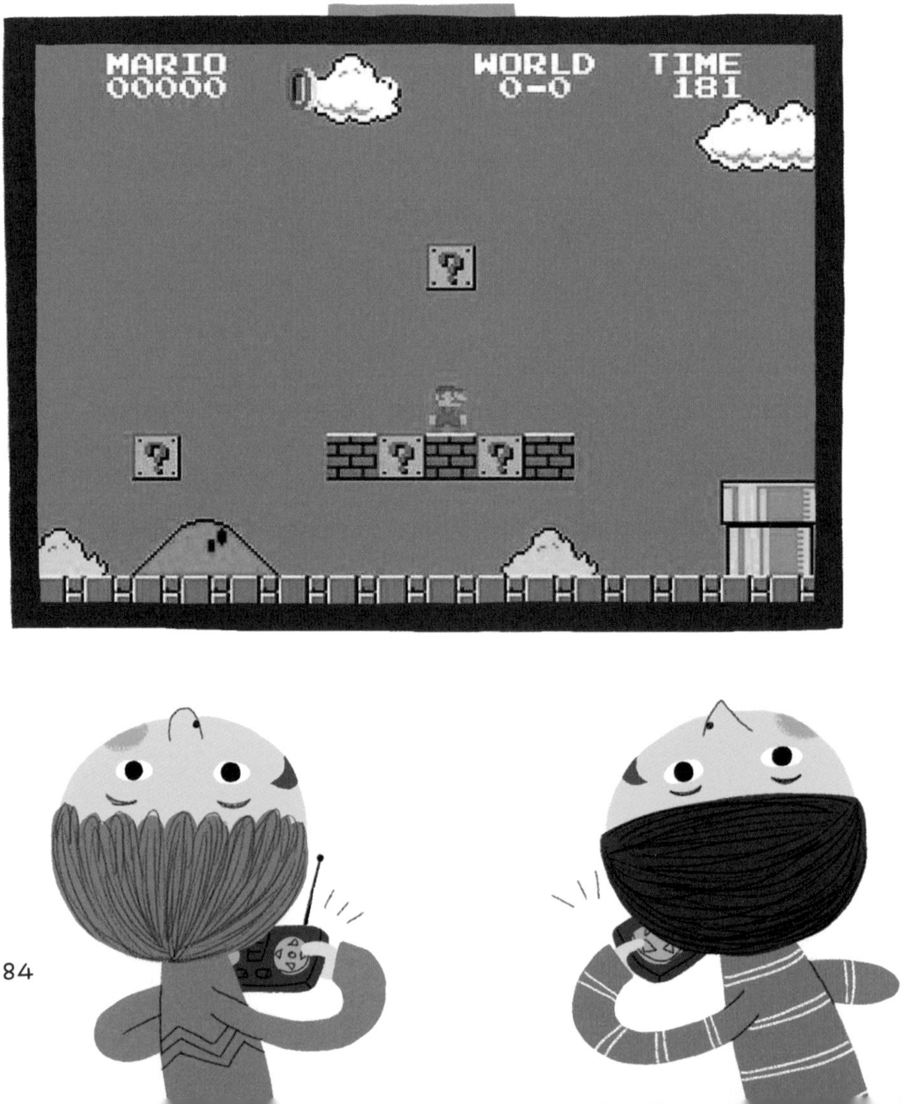

1980년 닌텐도는 위기에 처해 있었다.
미국에서의 게임 사업 실패로
창고에 게임기가 한가득이었다.

기존의 게임을
새로운 게임으로 바꾸기 위해
닌텐도는 공모전을 열었다.

이때 회사에서 허드렛일을 하던
한 공업 디자이너가 공모전에 입상하는
놀라운 일이 벌어졌다.

자신의 재능과 열정을
발휘할 기회를 갖지 못했던 그는
이 일을 계기로
〈동키콩〉이라는 게임을 기획하여
제작할 수 있었다.

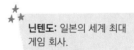

닌텐도: 일본의 세계 최대 게임 회사.

생각해 보기 게임을 만든다면 어떤 내용으로 하고 싶나요?

그 공업 디자이너가 바로
훗날 '컴퓨터 게임계의 신'으로 불리게 된
일본의 게임 기획자 미야모토 시게루.

그가 만든
〈동키콩〉 덕분에 닌텐도는 재고 처리는 물론
수만 대의 게임기를 판매하는
큰 성과를 거두었다.

이 게임의 캐릭터는
시간이 지나 '마리오'라는 이름을 얻었고
닌텐도의 마스코트 캐릭터가 되었다.

마리오: 닌텐도의 게임 캐릭터로, 세계에서 가장 성공한 게임 캐릭터의 하나이다.

게임 기획자는

사람들이 원하는 것을 파악하여

새로운 게임의 방향을 정하고,

이를 구체화하기 위해

아이디어를 구상하고 내용을 기획한다.

그러기 위해서는

게임을 잘 만들 수 있는 능력뿐만 아니라,

대중이 원하는 것을

정확히 읽을 수 있는 능력도 필요하다.

시게루는

대중의 요구를 잘 알고 있었고

이를 바탕으로

새로운 게임을 만들 수 있었다.

게임 기획자는
게임 제작과 관련된 모든 사항을
지휘하고 감독하는 사람이다.

게임을 만들 때에는
기획자의 지시에 따라
게임 스토리 작성, 게임 디자인, 캐릭터 디자인,
프로그래밍 등 모든 작업을
각 분야의 전문가가 맡아서 진행한다.

따라서 게임 기획자는
오케스트라의 지휘자와 같은 역할을 한다.
여러 분야의 사람들을 잘 통솔하여
의도한 게임이 제대로 완성되도록 해야 한다.

시계루의

대표작인 〈슈퍼 마리오〉와 〈젤다의 전설〉이

크게 성공하면서

그동안

단순히 시간을 보내기 위한

아이들의 '오락'으로만 여겨지던

게임은 단순한 오락을 넘어

세계인이 즐기는 하나의

문화가 되었다.

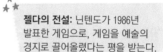

젤다의 전설: 닌텐도가 1986년 발표한 게임으로, 게임을 예술의 경지로 끌어올렸다는 평을 받는다.

일본의 작은 시골 마을에서 태어나
산골짜기를 뛰어다니며 놀던 시게루.
그는 집에 텔레비전이 없어서
도시로 나가 '백설공주'나 '피터팬' 같은
인형극을 보곤 했다.
또 한때는 음악에 빠져 지내기도 했다.

얼핏 게임과는 상관없어 보이는 이 모든 것이
그가 게임을 만드는 데 밑바탕이 되었다.

시게루는 말한다.

"인생에 헛된 것은 없다.
모든 경험은 하나의 양식이 되기 때문이다."

미야모토 시게루는
기획력이 뛰어난 게임 기획자다.

시게루의 기획력은
액션 어드벤처 장르를 개척한
〈젤다의 전설〉 시리즈에서 잘 드러난다.

‘역대 게임 순위 1위’를 차지하고 있는
〈젤다의 전설: 시간의 오카리나〉는
동화처럼 뛰어난 스토리와 게임을 결합하여
게임도 소설이나 영화 같은
예술 작품이 될 수 있음을
보여 주었다.

시게루는
만드는 사람이 즐겁지 않으면
게임을 하는 사람도 즐거울 수 없다는
신념을 가지고 있었다.

시게루가 기획한
〈슈퍼 마리오〉 시리즈는
상업적으로 가장 성공한 게임으로,
전 세계적으로
무려 2억 개가 넘게 팔렸다.

시게루로 인해
게임 산업은 이제
세계에서 가장 규모가 큰
콘텐츠 산업으로
성장하였다.

미야모토 시게루는
자신의 성공 요인에 대해 말한다.

"첫째, 어느 누구도 대신할 수 없는
독창적인 제품을 만들어야 한다.
유사한 제품이 나올 수 있게 만들면 실패한다.
둘째, 잘 팔릴 것이라는
확신이 서기 전에는
판매하지 말아야 한다."

게임을 예술의 경지로 끌어올린
미야모토 시게루의 게임 철학이다.

지식e 궁금해!

게임 기획자가 되고 싶다고요?

게임 기획자가 되기 위해서는 먼저 게임을 좋아하고 여러 게임을 할 줄 알아야 해요. 사람들이 어떤 게임을 좋아하는지 파악할 수 있는 분석력과 새로운 게임을 만들 수 있는 기획력과 창의력도 필요하지요. 창의력을 키우기 위해서는 영화, 만화, 책 등 다양한 콘텐츠를 접하는 것이 중요해요. 게임 기획자는 게임 프로그래머, 게임 시나리오 작가 등과 같이 작업을 해야 하기 때문에 리더십과 의사소통 능력도 꼭 필요해요.

게임 기획자가 되기 위해 특별히 정해진 학력이나 자격은 없지만 대학에서 컴퓨터 공학이나 컴퓨터 그래픽 등을 전공하면 도움이 돼요. 또 게임 아카데미 등의 사설 교육 기관이나 대학의 사회 교육원 등에서 게임 관련 교육을 받을 수 있어요. 꼭 훈련 기관을 거치지 않더라도 여러 게임을 해 보며 게임의 구조를 분석하고 연습을 통해 프로그램과 그래픽에 대한 실력을 키우면 게임 기획자가 될 수 있어요.

게임과 관련된 직업이 궁금하다고요?

* 게임 시나리오 작가

여러분이 좋아하는 게임에는 어떤 것이 있나요? 보통 게임은 이야기를 중심으로 전개되는 경우가 많아요. 게임 시나리오 작가는 이처럼 게임에 필요한 이야기를 구성하고 개발하는 일을 해요. 게임 시나리오는 하나의 게임 안에 여러 세계와 다양한 이야기, 등장인물들이 들어가기 때문에 무척 복잡하고 어려워요. 또 단계가 높아지면서 새로운 요소들이 추가되기 때문에 게임 시나리오를 만들 때에는 여러 명의 시나라오 작가가 함께 작업하는 방법을 많이 써요.

⋆ 게임 프로그래머

게임 프로그래머는 게임에 쓰이는 프로그램을 만들거나 프로그램 기술을 게임에 적용하는 일을 해요. 하는 일은 웹 프로그래머나 컴퓨터 프로그래머와 비슷하다고 볼 수 있지만 주로 게임 프로그램을 다룬다는 점이 다르지요. 게임 프로그래머는 시나리오에 따라서 게임이 진행되도록 프로그램을 만들고, 게임할 때 우리가 마우스와 키보드에서 사용할 수 있는 여러 가지 기능들을 만든답니다.

⋆ 게임 그래픽 디자이너

컴퓨터 그래픽을 이용해서 게임에 나오는 캐릭터와 게임의 배경 등을 만들어요. 게임 시나리오 작가와 게임 프로그래머가 게임에 들어갈 상상의 세계와 이야기에 틀을 잡고 구체적인 줄거리를 만드는 일을 한다면, 그래픽 디자이너는 캐릭터를 만들고 캐릭터와 배경에 어울리는 색채와 조명 효과, 그림자 표현 등을 통해 게임을 더욱 입체적이고 실감나게 만드는 일을 하지요.

08 사람에게 행복을 주는 로봇 개발자

로봇 공학자 **데니스 홍**

★ 사람에게 도움이 되는지를 먼저 생각한다

로봇 공학자는 인간의 삶을 편리하게 만들기 위해 로봇 기술 개발에 헌신한다.
기계인 로봇을 인간과 소통하는 단계로까지 발전시키려고 한다.
로봇으로 인해 우리는 얼마나 더 행복해질 수 있을까?

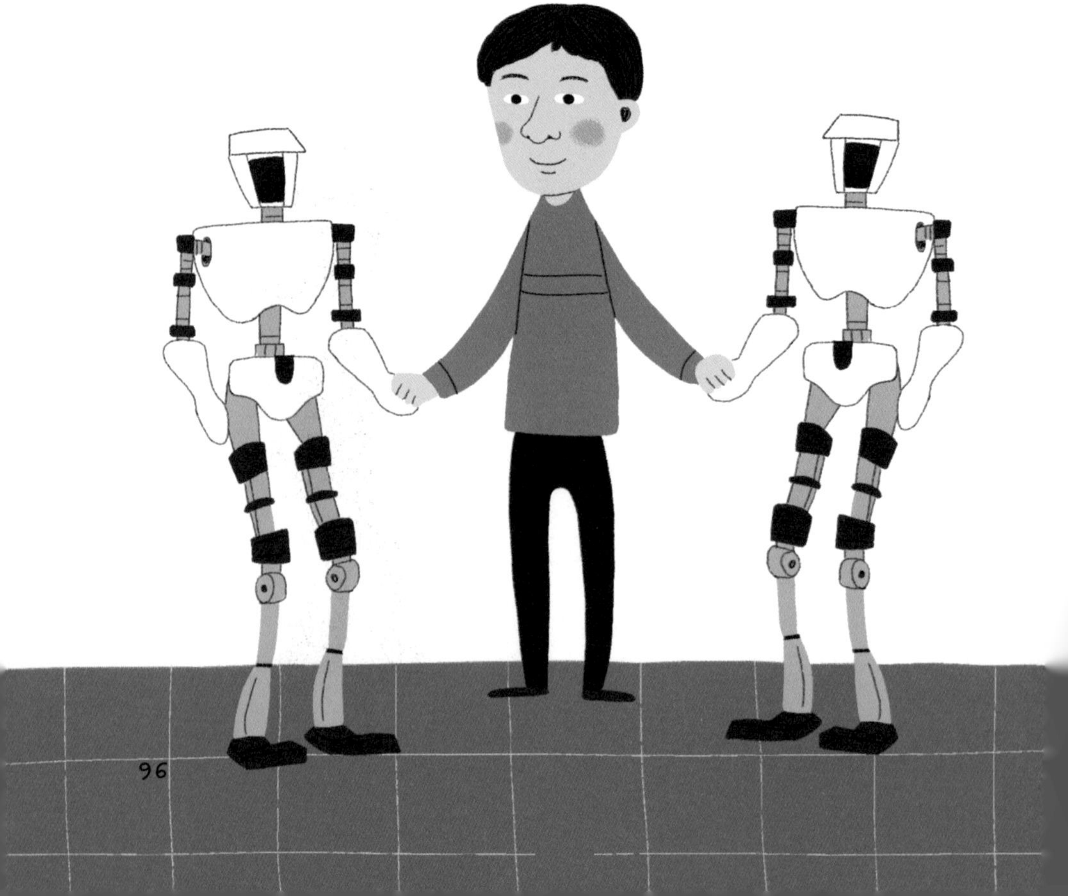

공상 과학 영화 〈스타워즈〉를 본 뒤
로봇 공학자가 되겠다는
결심을 한
일곱 살 소년이 있었다.

'내가 만든 로봇이
저 우주를 날아다닌다면
얼마나 좋을까?'

소년은 밤마다
별들이 총총한 밤하늘을 보며
자신이 만든 로봇들이 날아다니는
상상을 했다.

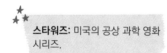

스타워즈: 미국의 공상 과학 영화 시리즈.

생각해 보기 힘든 노동을 로봇이 대신하는 세상에서 사람은 무슨 일을 할까요?

그 소년이 바로
미국 버지니아 공과 대학 교수이며
로봇 연구소 로멜라(RoMeLa)의 설립자이자 연구소장,
'로봇 공학계의 레오나르도 다빈치'로 불리는
한국인 로봇 공학자 데니스 홍.
그는 이렇게 자신의 어릴 적 꿈을 이루었다.

미국의 과학 잡지 《파퓰러 사이언스》는
2009년에 '젊은 천재 과학자 10인' 가운데 한 명으로
데니스 홍을 뽑았다.

로멜라: 데니스 홍이 버지니아 공대에 세운 로봇 공학 연구소.

데니스 홍: 한국 이름은 홍원서.

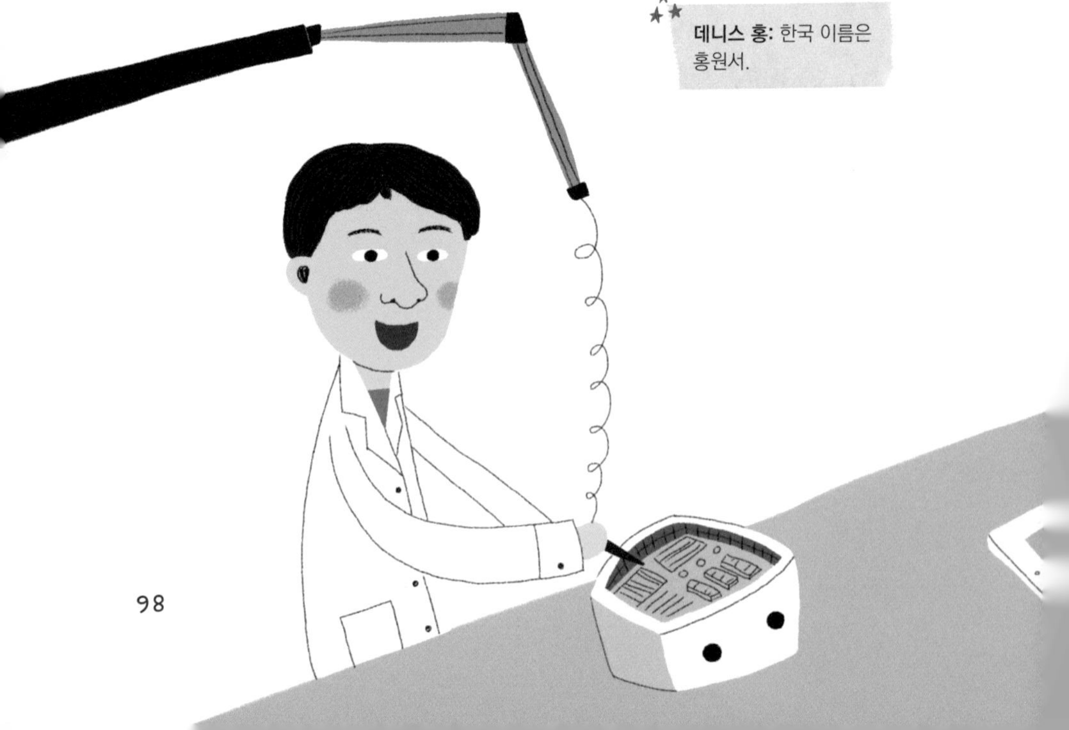

로봇 공학자는
수학과 과학, 공학적 지식을 바탕으로
로봇을 개발한다.

그러나 그 연구에서 가장 중요한 것은
차가운 기계로서의 로봇이 아니라
인간에게 도움이 되는 로봇이어야 한다는 점.

어려운 상황에서
효과적으로 사용할 수 있는 로봇을 개발하여
사람들의 삶에 긍정적 영향을 주는 것.
데니스 홍이 로봇 공학에 열정을 쏟는 이유다.

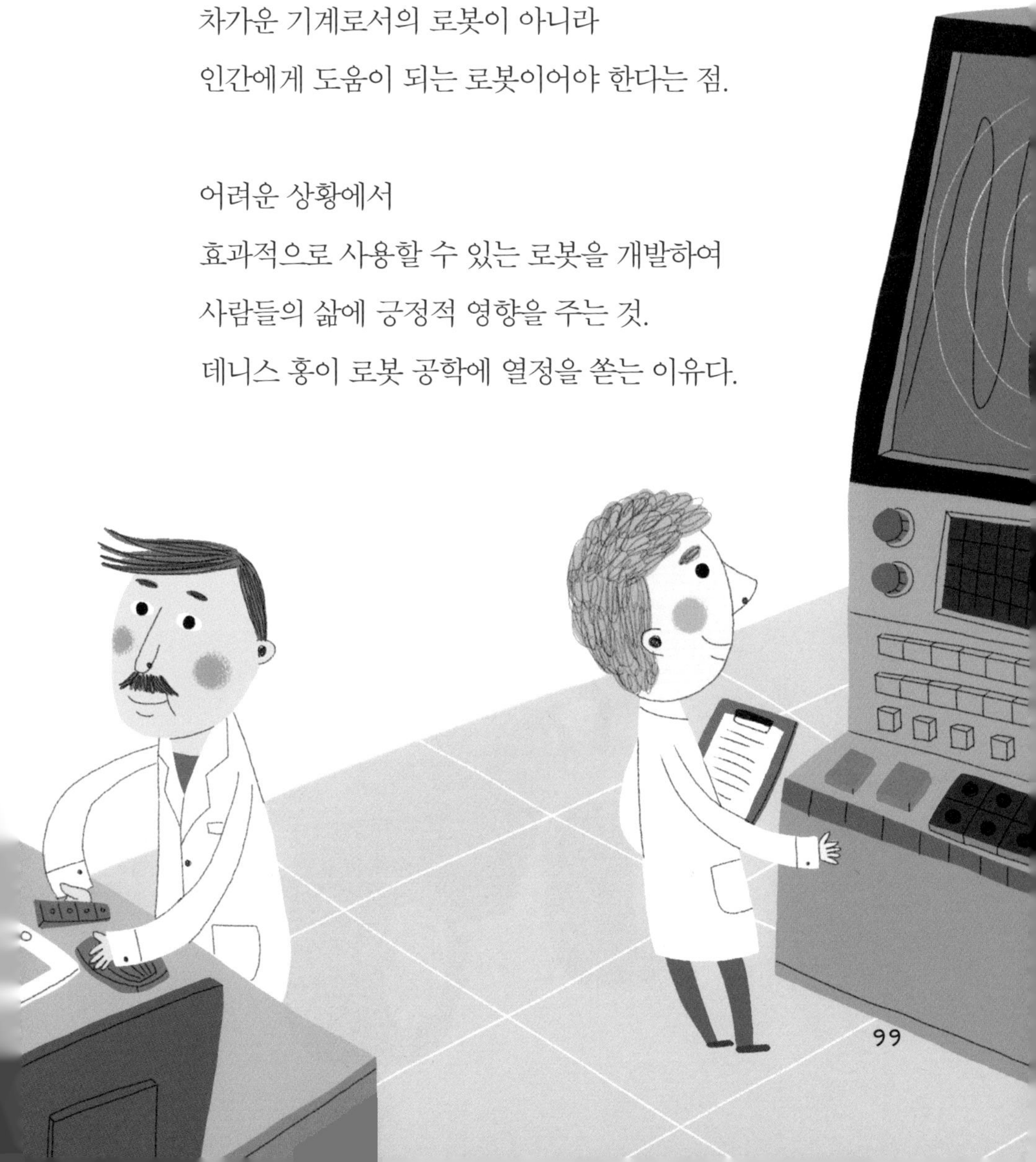

2011년 데니스 홍은

무인 자동차 기술을 응용하여

최초로 시각 장애인이 스스로

운전할 수 있도록 설계된

자동차 '브라이언'을 개발하였다.

미국의 유명 신문인 《워싱턴 포스트》는

데니스 홍의

브라이언 개발에 대해

'달 착륙에 버금가는 성과'라고

극찬했다.

무인 자동차: 운전자가 운전하지 않아도 스스로 도로 상황을 파악해 목적지에 도착할 수 있는 자동차.

데니스 홍은

브라이언이

자동차 경주 대회의 결승선에 도착했을 때

이 세상에서 가장 행복한 미소를 짓고 있는

시각 장애인 자동차 운전자를 보았다.

그 모습에 감동받은 그는

'인간에게 행복을 주는 따뜻한 기술 개발'이라는

명제를 다시 한 번 떠올렸다.

학창 시절, 데니스 홍은

로봇 공학을 하는 데 필요한 과목인

수학과 과학, 미술을 공부하는 데 열정을 쏟았다.

"좋아하는 로봇 공학을 하려면

싫어하는 수학 공부를

해야 한다는 것을 알고

열심히 공부하게 됐다.

왜 공부하는지

스스로 깨닫는 것이 중요하다."

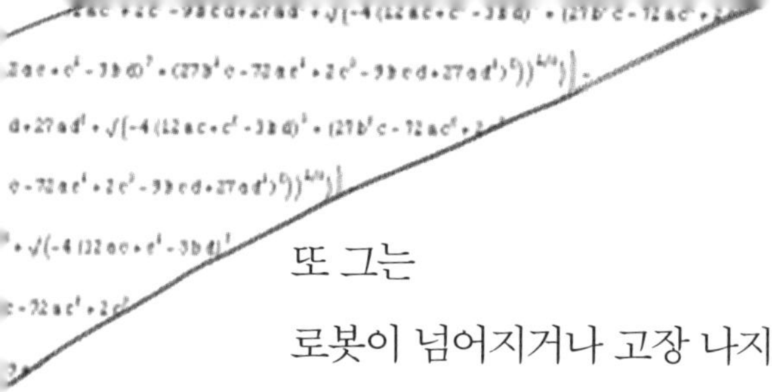

또 그는

로봇이 넘어지거나 고장 나지 않으면

아무것도 배울 수 없다고 믿었다.

데니스 홍은

몇 번을 넘어지더라도

툭툭 털고 일어나

다음 단계를 향해 나아갔다.

"저는 '불가능'이라는 단어를 싫어합니다.

어떤 일을 할 때

불가능을 전제로 시작한다면

아무것도 이룰 수 없기 때문입니다."

데니스 홍은 로봇 공학자에게 필요한

열정과 끈기를 우리에게 보여 준다.

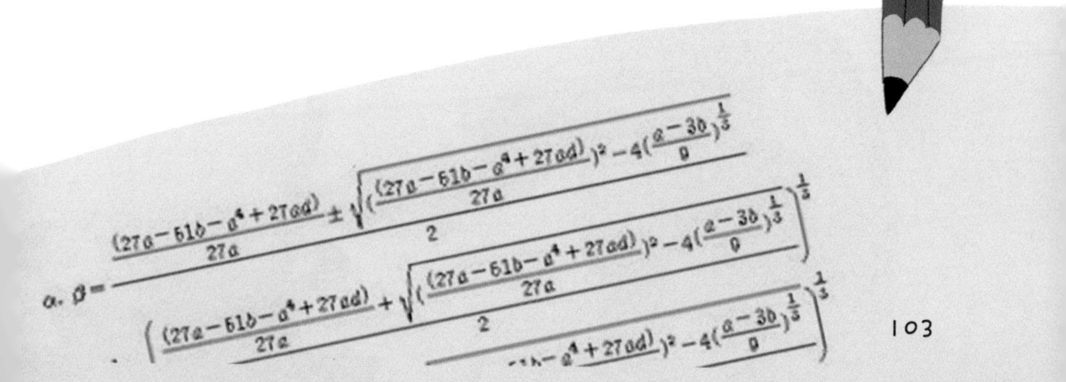

2010년, 데니스 홍은
휴머노이드 찰리를 만들었다.
꼬마 휴머노이드 다윈에 이어
6년 만에 성인 휴머노이드를 만든 것이다.
인간과 비슷한 모습으로 인간처럼 움직이는
로봇인 휴머노이드를 개발하는 기술은
로봇 공학 중에서도
가장 어렵다고 하는 분야.

★★★ **휴머노이드(humanoid):** 인간과 유사한 신체 구조를 지닌 로봇.

찰리는 이듬해
세계 로봇 축구 대회에서
당당히 우승을 차지했다.

데니스 홍은 말한다.

“왜 그 일을 하는지 알면
어떤 직업을 갖든 행복해질 수 있다.”

그는
자신이 선택한
로봇 공학자라는 직업이
무엇을 해야 하는 것인지
정확히 알고 있었다.

‘아무리 훌륭한 로봇이라도
사람에게 도움이 되지 않는다면
만들지 않을 거야.
사람의 생명을 구하고
사람에게 도움이 되는 로봇을 만들 거야.
그것이 내 목표이고
로봇 공학자가 할 일이야.’

바로 이것이 데니스 홍이
로봇 공학자가 된 명확한 까닭이다.

지식e 궁금해!

로봇 공학자가 되고 싶다고요?

로봇 공학자는 사람들에게 도움을 주는 로봇을 연구하고 개발하는 일을 해요. 그러기 위해서는 로봇의 겉모습과 행동을 같이 연구해야 해요. 로봇의 손이나 발, 다리의 구조 같은 겉모습을 연구할 때에는 기계 분야의 지식과 디자인 감각이 필요하고, 로봇의 행동을 관장하는 소프트웨어를 연구할 때에는 전기, 전자 분야의 지식과 인공 지능에 대한 지식이 필요하지요. 이처럼 다양한 분야에 대해 고루 알아야 하기 때문에 많은 공부를 해야 해요.

로봇 공학자가 되려면 대학에서 전기, 전자, 기계, 컴퓨터를 전공하고 대학원에서 로봇 관련 공부를 하면 좋아요. 인간과 닮은 휴머노이드를 연구하는 사람들은 심리학을 공부하기도 해요. 요즘에는 대학에 로봇을 가르치는 학과도 생겼고 로봇 고등학교도 있어요. 직접 로봇을 만들어 로봇 경진 대회에 나가는 것도 좋은 방법이에요.

로봇에도 여러 종류가 있어요

*** 가정용 로봇**

청소를 하고 요리를 하는 등 사람을 돕

는 로봇이에요. 현재 가정에서 널리 쓰이는 로봇은 청소 로봇이지요. 앞으로는 집안일과 아이들의 공부를 도와주는 로봇이 많이 사용될 거예요.

✶ 의료용 로봇

의료 현장에서 가장 크게 활약하는 로봇은 수술 로봇이에요. 정밀한 수술을 하는 데 사용되지요. 사람의 몸속에 직접 들어가서 암과 같은 병을 치료하는 아주 작은 나노 로봇도 개발 중이에요. 앞으로는 노인이나 장애인을 돕는 간호 로봇도 개발될 거예요.

✶ 재난 구조용 로봇

사람이 접근하기 어려운 재난 현장에서 사람을 구조하고 돕는 로봇이에요.

✶ 산업용 로봇

현재 가장 널리 쓰이고 있는 로봇이에요. 산업 현장에서 무거운 물건을 들어 올리거나 위험한 곳에서 작업하는 등의 일을 해요.

로봇과 관련된 직업이 궁금하다고요?

✶ 로봇 프로그래머

로봇이 움직일 수 있도록 프로그램을 만드는 일을 해요. 아무리 멋진 로봇이라도 움직일 수 없으면 아무 소용이 없으니까요. 로봇 프로그래머는 로봇이 지시에 따라 상황에 맞게 움직이고 일을 할 수 있도록 프로그램을 설계하고 만들어요.

✶ 로봇 디자이너

사용 목적에 맞도록 로봇의 모양과 구조를 디자인하는 일을 해요. 디자인 감각도 중요하지만 로봇에 대한 기술적 이해가 충분해야 좋은 디자인을 할 수 있어요.

09 웹 사이트 개발의 지휘자

웹 기획자 **송연이***

★ 정보와 지식을 서비스하라

웹 기획자는 인터넷 사용자에게 필요한 서비스를 제공하기 위해 웹 사이트를 기획하고 개발한다. 그는 어떤 과정을 거쳐 사람들에게 필요한 웹 사이트를 만들고 관리할까?

인터넷 쇼핑 업체의
새내기 웹 기획자인 연이는
회의실에서 시연 준비를 하면서
마음을 가다듬었다.

오늘은 전면 개편한 새 홈페이지를
시연하는 날이다.
선임 기획자 김 대리가
프레젠테이션하는 것을 옆에서 보고 있자니
자기도 모르게 다리가 떨려 왔다.

다행히 평가는 호의적이었다.
특히 참신한 디자인과
방문자들의 편의를 고려한 홈페이지의 구조가
좋은 평가를 받았다.

시연: 일반 사람들에게 공개하기 전에 미리 시험적으로 보여 주는 것.

프레젠테이션: 컴퓨터나 멀티미디어를 이용하여 각종 정보를 사람들에게 설명하는 것.

생각해 보기 일상생활에 도움을 주는 웹 사이트에는 어떤 것이 있을까요?

시연이 끝나고
자리에 앉자 지난 3개월 동안의
일들이 머리를 스쳐 갔다.

연이가 다니는 회사는
여성용 의류를 전문으로 취급하는
인터넷 쇼핑 업체.
여성용 의류 신상품 출시를 앞두고
홈페이지를 전면 개편하라는
업무 지시를 받은 것이 3개월 전이었다.

웹 기획자는
웹 사이트를 기획하여 만들고,
이를 목적에 맞게 관리하고 점검한다.

웹 기획자인 연이는
김 대리와 함께
홈페이지의 개편 방향을
산뜻한 디자인과 고객 편의적 구조로 정했다.
또 개발의 범위와 일정 등의 계획도 세웠다.

그다음에는
스토리 보드를 만들기 시작했다.
스토리 보드는 웹 사이트를 제작하기 전에
필요한 것을 글이나 그림으로 표현한 것으로,
웹 사이트의 모습을 미리 알 수 있게 해 준다.

스토리 보드를 만드는 작업은 어려웠다.
촉박한 일정 때문에 늦게까지 일하는 날이 많았고,
다시 고치고 보완하는 경우도 자꾸 생겼다.

스토리 보드는
디자이너나 프로그래머가
무엇을 어떻게 만들지
의사소통을 하는
근거이기 때문에
각 부문의 의견과 상황을 고려해야 했다.

연이와 김 대리는

스토리 보드를 토대로

디자이너와 프로그래머에게

일을 분담시키고

진행 과정을 점검했다.

리더십: 무리를 다스리거나 이끌어 가는 지도자로서의 능력.

웹 기획자는

오케스트라의 지휘자와 같은 역할을 한다.

전체적인 기획을 하고 이에 맞추어

디자이너와 프로그래머를 이끌어야 한다.

그러기 위해서 기획 능력은 물론이고

리더십 또한 꼭 필요한 자질이다.

웹 기획자는
다양한 사용자의 요구에
신속하게 대응할 수 있어야 한다.

연이는
그동안 홈페이지 관리도 담당했다.
사용자에게 제공되는 의류 정보를
지속적으로 갱신했고,
사용자의 요구와 불만 사항을
처리해 왔다.

이런 경험이 쌓여서
사용자가 원하는 것이 무엇인지 알게 되었고
그것을 홈페이지 개편에 반영할 수 있었다.

연이는

대학에서 컴퓨터 공학을 전공한 후

교육 기관에서 웹과 관련된 공부를 더 하고

회사에 들어왔다.

그러나 현장에서는

학력이나 자격증보다

작은 사이트라도 직접 만들어 본

경험을 더욱 중요시한다는 걸 알았다.

마케팅: 제품을 소비자에게 널리 알려서 판매하기 위한 전반적인 활동을 말함.

웹 기획자는 한 분야만 알아서는 안 되고

프로그램, 디자인, 홍보, 마케팅 등

모든 분야를 알아야 하기 때문이다.

웹 기획자로서 처음 맡은 업무에
힘들어하는 연이를
김 대리는 따뜻하게 위로해 주었다.

"괜찮아, 처음에는 누구나 그래.
웹 기획자의 일은 금방 배울 수 있는 게 아니야.
이제 막 시작했잖아."

김 대리는 연이에게
웹 기획자는
여러 웹 사이트를 둘러보며 유행이나 흐름을 읽어야 하고
날마다 발전하는 인터넷 기술도 꾸준히 공부해야 하며
자기만의 개성을 찾기 위해
다양한 미디어를 접해야 한다는 것도 알려 주었다.

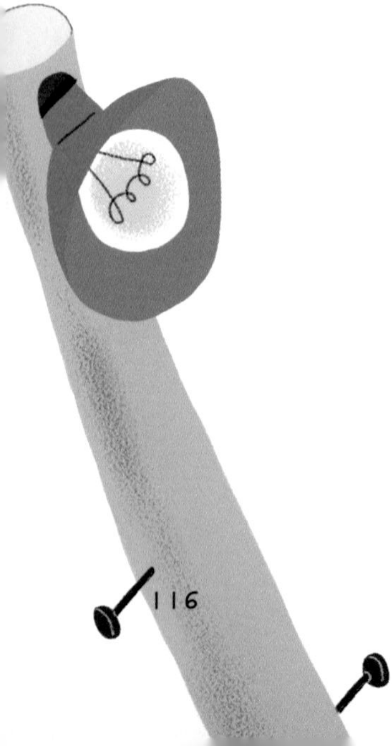

그날 저녁,

오랜만에 일찍 퇴근하며

연이는 다짐했다.

'웹 기획자의 길이 쉽지는 않을 거야.

앞으로 다양한 사이트를 만들면서

실무 경험을 쌓으면 잘할 수 있을 거야.'

이제 웹 기획자로 첫걸음을 내딛은 연이.

그는 앞으로 어떤 웹 사이트를 만들어 낼까?

지식e 궁금해!

웹 기획자가 되고 싶다고요?

컴퓨터를 능숙하게 다룰 수 있고 인터넷에 대한 지식이 있으면 웹 기획자에 도전할 수 있어요. 대학에서 컴퓨터 공학이나 전산학 등 관련 학과를 전공하면 도움이 되지요. 그렇지만 웹 기획자는 디자이너나 프로그래머와 함께 작업을 하면서 전체적인 기획을 책임지기 때문에 디자인이나 프로그램 등에 대해서도 잘 알아야 하고 기획 능력과 리더십도 있어야 해요. 또 많은 사람들이 웹 사이트를 방문하도록 하기 위해서는 사이트를 재미있게 꾸며야 하니까 창의력도 필요하지요. 이 밖에도 회사의 웹 사이트를 만들고 관리하기 위해서는 마케팅과 홍보에 대해서도 알아야 하고 외국의 관련 사이트를 찾아볼 수 있는 외국어 능력도 있어야 해요.

웹 사이트는 어떻게 만들까요?

웹 사이트는 크게 4가지 과정을 거쳐서 만들어요.

1) 먼저 웹 기획자가 새로 만들거나 개편할 사이트의 성격에 따라 내용과 형식을 결정해요. 예를 들어 정보를 서비스하는 사이트라면 쉽게 정보를 찾을 수 있어야 하고, 전자 상거래를 하는 사이트라면 물건을 쉽게 살 수 있어야 하기 때문에 그 성격에 맞춰 내용과 형식을 정해야 하지요.

2) 웹 기획자는 정해진 내용과 형식, 개발 일정 등을 나타낸 스토리 보드를 만들어 함께 작업할 웹 디자이너, 웹 프로그래머와 상의하여 일을 분

담해요. 웹 디자이너는 사이트의 화면을 디자인하고 웹 프로그래머는 사이트가 원활하게 작동할 수 있도록 프로그램을 만들어요. 웹 기획자는 전체적으로 작업을 지휘하고 조정하는 일을 하지요.

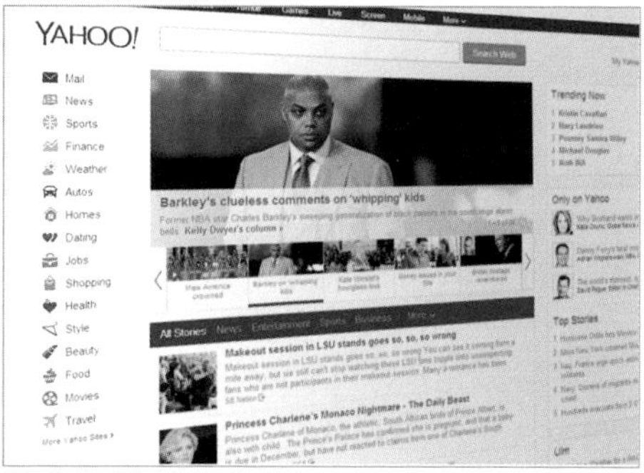

3) 웹 사이트가 완성되면 방문자 관리, 정보 관리, 고객 관리 등 본격적으로 사이트를 운영해요.

4) 웹 사이트가 완성된 이후에도 사람들이 사용하는 데 불편함은 없는지 확인하여 문제점을 개선하고 새로운 정보를 업데이트해요.

웹 사이트와 관련된 직업이 궁금하다고요?

* 웹 디자이너

웹 사이트의 화면을 디자인해요. 웹 디자이너는 스토리 보드에 따라 문자와 그림, 동영상, 음악 등을 이용해서 웹 사이트 화면을 보기 좋게 꾸며요. 디자인 기술과 함께 예술적 감각도 필요하고, 기획자와 프로그래머의 일을 이해하고 함께 협력하는 자세가 중요하지요.

* 웹 프로그래머

웹 사이트를 만드는 데 필요한 프로그램을 담당해요. 웹 기획자가 기획한 웹 사이트를 만들기 위해 디자이너가 형태를 잡으면 프로그래머는 실제로 그것을 화면에 구현하기 위해 여러 가지 프로그래밍 언어를 이용해서 작업을 하지요.

3부

인간 세계를 탐구하는 직업

10 숨어 있는 무의식의 발견자

심리학자 **지그문트 프로이트**

★ 사람을 생각하고 사람을 이해한다

심리학자는 우리의 마음이 어떻게 생겼는지(의식 구조),
또 어떤 마음에서 이런저런 행동을 하는지(행동 방식)를 연구한다.
과연 내 마음속의 무엇이 나를 움직이게 하는 것일까?

1889년 프랑스의 낭시.
최면에 걸린 사람을 지켜보는
한 정신과 의사가 있었다.

'저 사람은 어떻게 자신도 의식하지
못하는 말과 행동을 하는 것일까?'

그날 저녁
낮에 보았던 장면을 잊을 수 없어
그 젊은 의사는 밤을 꼬박 새우면서
최면에 걸린 사람의 말과 행동에 대해
곰곰이 생각해 보았다.

무의식: 의식적으로 자각되지 않는 정신의 내용 혹은 상태.

마침내 새벽이 밝아 올 무렵
그 의사는 사람의 마음에는 자신도 의식하지 못하는
또 다른 세계가 있다는 결론을 내렸다.
이것이 바로 '무의식'이라는 세계.

생각해 보기 우리가 자면서 꾸는 꿈은 의식일까요, 무의식일까요?

그날 새벽,
사람의 마음속에서 무의식의 세계를
발견한 사람은 오스트리아의 심리학자이자
의사인 지그문트 프로이트.

'무의식이 사람의 마음을 지배할 수도 있다는 뜻이군!'

마음의 장애를 가진 환자들을 치료하던 그는
무의식을 통해서 환자들 마음의 상처를
치료할 수 있겠다고 생각했다.

1896년 프로이트는
무의식을 이용한 이 치료법에
'정신 분석'이라는 이름을 붙였다.

정신 분석: 프로이트에 의해 확립된 신경증 치료법과 그 심리학적 이론 체계.

심리학자에게는

합리적인 생각과 행동만이 아니라
비합리적인 생각과 행동 역시
흥미로운 연구거리가 된다.

사람들은
왜 무의미해 보이는 농담이나 말장난을 하고
이것을 저것이라고 착각하며
진지해야 할 자리에서 말실수를 하는 것일까?
또 꿈은 왜 꾸는 것일까?

사람들이 행하는
아주 사소한 생각이나 말, 행동 하나하나가
심리학자에게는 진지한 연구 주제가 된다.

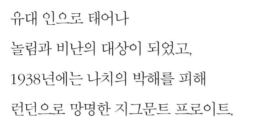

유대 인으로 태어나
놀림과 비난의 대상이 되었고,
1938년에는 나치의 박해를 피해
런던으로 망명한 지그문트 프로이트.

그는 마음의 병으로 고통받는 사람들을 보면서
그들의 병의 원인을 알아내어 도와주고 싶었다.

그는 사람의 생각과 행동은
아무리 하찮은 것이라도
그럴 만한 이유가 있을 것이라고
생각했다.

그래서

사람의 모든 생각과 행동을
꼼꼼히 관찰하여
그 숨겨진 의미를 찾고자 했다.

이러한 관찰과 탐구의 원천은

사람에 대한 사랑과 이해였다.

그는

사람의 마음속 깊은 곳에 있는 어떤 강력한 힘이
인간의 마음을 지배하고 있다고 생각하고,
이를 밝혀내고자 했다.

프로이트가 무의식의 세계를

연구하면서 쓴 방법은 무엇이었을까?

다른 사람의 마음은 들여다볼 수 없으니

연구 대상으로 삼은 것은

바로 자신의 마음!

그는 오랜 연구 끝에

무의식이 꿈을 통해 자신을

슬쩍슬쩍 드러낸다는 사실을 알았다.

마침내 그는

자신이 탐구한 꿈에 대한

방대한 연구서를 발표하였다.

1900년에 출판된

《꿈의 해석》이 바로 그 책.

꿈의 해석: 꿈에 대한 견해를 집대성한 프로이트의 저서. 정신 분석 이론에서 중요한 위치를 차지하는 책이다.

프로이트로 인해
그동안 이유가 없기 때문에
무의미한 것으로 간주되었던

사람들의 비정상적인 행동은
정당한 이유를 갖게 되었고,
또 의미 있는 것으로 받아들여졌다.

프로이트는 심리학, 정신 의학은 물론이고
사회학, 사회 심리학, 문화 인류학, 교육학, 범죄학,
문예 비평에까지 큰 영향을 미쳤다.
20세기 사상가 가운데
그만큼 큰 영향력을 가진 인물은 없다.

지식e 궁금해!

프로이트와 《꿈의 해석》

지그문트 프로이트는 원래 정신과 의사였어요. 대학에서 생리학을 전공한 후 정신과 의사가 되었지요. 그 당시에는 정신병에 대한 지식이 그리 많지 않았어요. 그래서 여자만 히스테리에 걸린다는 등 지금 생각해 보면 엉뚱한 의견들이 많았어요. 프로이트는 여러 환자들을 치료하면서 인간의 마음에는 자신도 의식하지 못하는 무의식의 세계가 있다는 것을 알게 되었어요. 이렇게 알게 된 무의식 이론과 꿈의 분석을 종합해서 1900년에 발표한 책이 바로《꿈의 해석》이에요. 그러나 《꿈의 해석》은 프로이트의 이론을 제대로 이해하지 못하는 많은 사람으로부터 비판을 받았어요.

이 책은 6년 동안 겨우 300부가 팔렸어요. 그때만 해도 이 책이 엄청난 영향력을 갖게 될 거라고는 아무도 예상하지 못했지요. 하지만 이 책의 근간을 이루는 정신 분석 이론은 그 후 심리학과 정신 의학뿐만 아니라 사회학, 문화 인류학, 교육학, 범죄학, 영화, 연극 등 거의 모든 분야에 큰 영향을 미쳤어요.

심리학자가 되고 싶다고요?

심리학자는 인간의 행동과 심리 과정을 학문적으로 연구하는 사람이에요. 행동의 이면에 숨어 있는 의미와 그 행동이 나타나기까지 마음의 과정을 연구하지요. 따라서 심리학자는 무엇보다도 사람에게 관심과 애정이 있어야 해요. 그래야만 사람을 끈기 있게 관찰할 수 있으니까요.

심리학자가 되기 위해서는 대학에서 심리학이나 관련 학과를 전공하고 대학원에서 더 많은 공부를 해야 해요. 대학원을 마치면 대학에서 교수가 되거나 관련 연구소에서 연구원으로 일할 수 있어요. 요즘에는 심리학을 전공한 사람이 마음의 병을 해결해 주는 상담 전문가로 활약하는 경우가 많아요. 살다 보면 생기는 여러 가지 고민이나 갈등을 전문 지식을 이용한 상담 프로그램을 통해 치료하지요. 또 사회가 복잡해지면서 경제, 교육, 범죄 등 심리학을 필요로 하는 분야가 많아졌어요.

마음을 치료하는 직업이 궁금하다고요?

* 정신과 의사

의과 대학에서 정신 의학을 전공한 의사로서, 사람들이 갖고 있는 정신적 장애를 치료해요. 면담이나 검사를 통해 환자의 상태를 진단하고, 전기 요법이나 약물 요법 등을 이용해서 치료하지요.

* 심리 상담사

사람들이 가지고 있는 마음의 병을 상담을 통해 해결해 주는 일을 해요. 상담과 심리 검사를 통해 마음 상태가 어떤지, 왜 마음이 불편한지 등을 파악한 후 상담자 스스로 문제를 깨닫고 해결하도록 도와주지요.

11 인류 문화의 비밀을 밝혀내는 탐험가

문화 인류학자 **마거릿 미드**

★ 서로의 다름을 인정한다

문화 인류학자는 인류의 생활과 역사를 문화적 측면에서 탐구한다.
시대와 지역에 따라서 사람들의 생활은 서로 다른 법.
서로 다른 문화에서 우리는 무엇을 배울 수 있을까?

1925년 남태평양 폴리네시아의 사모아 섬.
카메라와 타자기를 든
한 백인 여성이 막 도착했다.

원주민들은 그녀를 외계인 보듯
이상한 눈으로 쳐다보았다.

'저 사람들이 내게 이상하게 보이듯이
내가 저 사람들에게는
이상하게 보이는 모양이군!'

스물네 살의 이 젊은 여성은
호기심에 가득 찬 얼굴로
피부색조차 낯선
사모아 섬의 원주민들을
찬찬히 바라보았다.

폴리네시아: 오스트레일리아 동쪽 해역에 흩어져 있는 수천 개 섬들의 총칭.

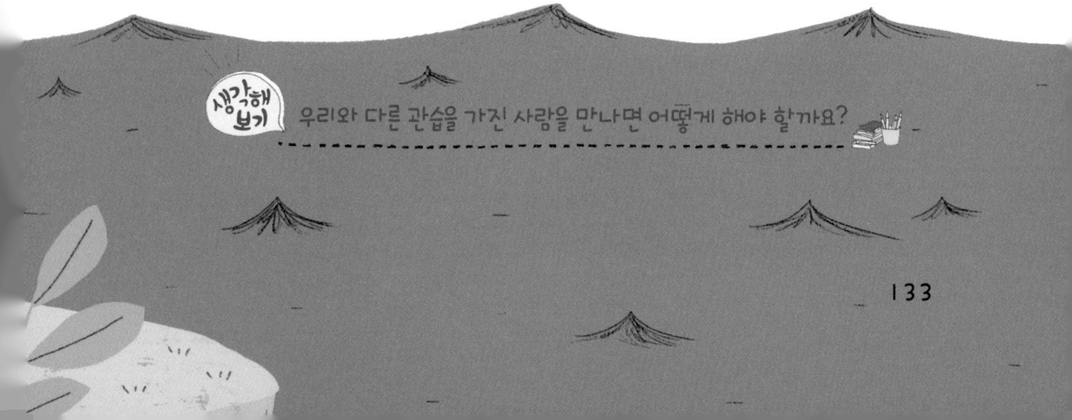

생각해 보기 우리와 다른 관습을 가진 사람을 만나면 어떻게 해야 할까요?

미지의 낯선 원주민과 함께 생활하면서
그들의 생활과 문화를 탐구하고자 했던
그녀는

20세기 문화 인류학의 대모
마거릿 미드.

변변한 교통수단도 없던 시절
미드는 문화의 비교 연구를 위해
원주민의 전통이 여전히 남아 있는
폴리네시아를 찾았다.

'원주민의 삶은 서구의 문명 생활과는
다르겠지만, 그 다름에서 분명 무엇인가를
배울 수 있을 거야!'

미드는 사모아 섬에 머물면서
그곳의 청소년들이 질풍노도의 사춘기를 겪는
서구의 청소년들과는 달리
비교적 갈등 없는 성장기를 보내는 것을 관찰하고
마침내 하나의 결론에 도달했다.

질풍노도: 몹시 빠르게 부는 바람과 무섭게 소용돌이치는 물결이라는 뜻으로 사춘기를 표현하는 말.

"성장기의 행동을 결정하는
가장 중요한 요인은
태어날 때부터 가지고 있는
생물학적 요인이 아니라,
바로 한 사회를 지배하는 '문화'이다."

미국으로 돌아온 미드는
이때의 조사와 결론을 바탕으로
《사모아의 성년》이란 첫 책을 출판했다.

이 책으로 말미암아
이전까지 서구 사회가 고수해 왔던
전통적인 육아와 교육 방법은
크게 바뀌었다.

문화 인류학자는

사람과 그 사람들의 문화를 연구한다.

다양한 문화권 안의 동질성만이 아니라

문화권 사이의 차이도 연구 주제가 된다.

이곳의 사람들은 이렇게 살고 있는데

저곳의 사람들은 왜 저렇게 살까?

어제의 사람들은 저렇게 살았는데

오늘의 사람들은 왜 이렇게 살까?

문화 인류학자는

다양한 문화권의 사람들이 지니고 있는

생활 습관과 믿음, 사상 등을

기술하고 분류하며 서로 비교하여 설명한다.

인류학은

인간을 종합적으로

연구하는 학문이다.

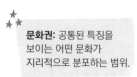

문화권: 공통된 특징을 보이는 어떤 문화가 지리적으로 분포하는 범위.

문화 인류학자에게는

도전 정신과 함께
열린 마음이
필요하다.

남태평양의 오지는
풍토병이나 식인 풍습의 잔재 때문에
남자에게도 위험한 곳이었지만,
미드는 강한 도전 정신으로
외로움과 질병에 맞서 싸우며
결과가 바로 나오지 않는 연구를
끈기 있게 계속해 나갔다.

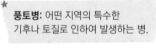

풍토병: 어떤 지역의 특수한
기후나 토질로 인하여 발생하는 병.

또한 미드는 문화의 다름을 인정하는 열린 마음으로
서로 다른 생활 방식을 가지고 있는
다양한 문화권의 사람들을
어떠한 선입견이나 편견도 가지지 않고
있는 그대로 받아들이고 이해했다.

미드에게는
문명화된 서구의 생활 방식이
폴리네시아 원주민의 생활 방식보다
우월하지 않았다.

"사람들의 서로 다른 생활 방식은
그 자체로 의미가 있는 것이다."

《사모아의 성년》 출판 이후 약 20년이 지나
미드는 같이 생활했던 다양한 부족들에게서 발견한
성 역할을 토대로
《남성과 여성》이라는 책을 출판했다.

"성의 구분과 역할은
생물학적 본능이 아니라
한 사회의 문화가 가진
이데올로기 교육에 의한 것이다."

이데올로기: 한 사회를 지배하고 있는 사상과 의식의 체계.

그녀의 주장은
여성 운동가에게도
큰 영향을 미치게 되었고,
이후 미드의 문화 상대주의는
인류학의 기본 전제가 되었다.

문화 상대주의: 세계 문화의 다양성을 인정하고 이해하는 견해.

문화 인류학자에게

최고나 최선의 문화는 따로 있을 수 없다.

문화 인류학자는 모든 문화를 편견 없이

있는 그대로 관찰하고 비교함으로써

개인이나 사회가 가지고 있는

문제의 해결 방법을 찾으려 한다.

세계의 모든 문화는

서로 존중받고 이해되어야 한다.

지식e 궁금해!

문화에 대한 새로운 관점을 연 마거릿 미드

마거릿 미드는 1925년 남태평양의 사모아에서 처음으로 현지 조사 연구를 시작하여 1939년까지 모두 여덟 부족을 연구했어요. 1930년에 미국의 인디언을 연구한 것을 빼면 모두 남태평양의 부족들을 찾아 연구했지요. 미드는 부족의 생활을 연구할 때 처음에는 그냥 지켜보기만 하다가 점차 익숙해지면, 그 부족의 생활에 직접 참여하여 그들과 똑같이 생활하면서 조사했어요. 이런 방법을 사용함으로써 보다 상세하게 제대로 관찰할 수 있었지요. 미드는 연구 결과를 항상 책으로 펴냈어요. 뿐만 아니라 강연이나 방송 등을 통해 자신의 연구 결과를 사람들에게 널리 알리려고 노력했어요. 이를 통해 많은 사람들에게 인류학이라는 학문을 소개하고,

또 청소년 문제나 육아 문제, 남녀의 성 역할 등 사회의 중요한 문제에 대해 바람직한 개선 방향을 제시하려고 했지요. 그 덕분에 전통적인 생활 방식이 새로운 방식으로 변화되었고, 다른 사회의 문화에 대한 편견도 차츰 사라지게 되었어요.

문화 인류학자가 되고 싶다고요?

인류학은 생물로서의 사람과 그들의 문화를 연구하는 학문이에요. 문화란 먹고 입고 자는 것뿐 아니라 사회 구조나 관습, 종교, 예술, 과학 등을 포함하지요. 인류학은 크게 자연 인류학과 문화 인류학으로 나눌 수 있어요. 자연 인류학이 생물학적인 면에 초점을 두고 인류를 연구한다면, 문화 인류학은 인류의 문화와 사회에 초점을 두고 연구하는 것이 다른 점이지요. 따라서 문화 인류학자는 사람들이 사는 사회에 따라 또는 시대에 따라 그들의 생활 문화가 어떻게 다르고 왜 다르게 되었는지를 밝히려고 노력해요. 서로 다른 민족의 사회와 문화를 비교하는 방법을 많이 쓰기 때문에 연구하려는 민족 집단에서 실제로 생활하면서 자료를 모으고 분석해야 해요. 이 때문에 새로운 환경에 대한 적응력과 체력, 인내심, 의사소통 능력 등이 필요해요.

문화 인류학자가 되기 위해서는 대학에서 문화 인류학이나 관련 학과를 전공하고 대학원에서 공부를 계속해야 해요. 그 후 주로 대학에서 학생들을 가르치거나 전문 연구소의 연구원으로 활동하지요. 요즘에는 국제기구나 여러 민족으로 이루어진 다문화 국가 등에서 다양한 민족을 대상으로 하는 사업이 늘어나면서 문화 인류학을 공부한 사람을 필요로 하는 곳이 점차 늘어나고 있어요.

12 과거를 통해 미래를 보는 예측가

역사학자 **아널드 토인비**

★ 역사적 사실을 객관적으로 바라본다

역사학자는 인간의 생활과 문화, 사상, 종교 등 인류가 살아온 다양한 흔적과 자취를 조사하고 연구한다. 조상들이 남긴 자취를 통해서 우리는 무엇을 배울 수 있을까?

1914년 여름, 영국의 런던 대학교.

역사학과 교수인 아널드 토인비가

고대 그리스의 역사가인 투키디데스에 대한

강의를 준비하고 있을 때,

제1차 세계 대전이 일어났다는

소식이 들려왔다.

"지금 내가 이 세계에서 경험하고 있는 것은

옛날에 투키디데스가 그의 세계에서

경험한 것이다!"

투키디데스가 '펠로폰네소스 전쟁'이

그리스 문명을 무너트린 것으로 기술했듯이

토인비는 제1차 세계 대전이

서구 문명을 무너트릴 것 같았다.

펠로폰네소스 전쟁: 기원전 431년부터 기원전 404년까지 아테네를 중심으로 하는 델로스 동맹과 스파르타를 중심으로 하는 펠로폰네소스 동맹이 벌인 전쟁으로, 스파르타가 승리하였다.

생각해 보기 전쟁과 같은 역사적 사건은 반복되는 것일까요?

역사학자에게
지난 과거의 사건은
미래를 예견하는 거울이다.

역사학자는 생활과 문화, 사상, 종교 등
인류가 살아온 과거의 흔적과 자취를 재료로
역사의 흐름을 연구하고 그것을 토대로
미래를 예측한다.

토인비는 문명을 파괴시키는
여러 전쟁의 유사성을 보고
역사에서는 비슷한 상황이
반복된다고 생각했다.

팽배: 어떤 기운이나 분위기가 매우 거세게 일어나는 것을 이르는 말.

그는 제1차 세계 대전 이후
서구 문명의 몰락에 대한
불안감이 팽배한 상황에서
같은 잘못을 반복하지 않을 방법을 고민하였다.
그리하여 비슷한 상황의 단위를 문명으로 보고
과거 역사를 통해
문명이 생겨나고 사라지는 원리를 연구하였다.

그 결과 토인비는
《역사의 연구》라는 위대한 책을 통해
인간 역사의 흐름에서 26개의 문명이
각각 성장, 발전, 쇠퇴, 해체의 과정을
주기적으로 되풀이하였으며
바로 이 '문명의 순환이 역사'라고 결론지었다.

그의 연구를 통해
역사는 법칙에 따라서 발전한다는
결정론적 사관에서 벗어나
역사는 인간의 자유 의지와 행위에 의해
만들어지는 것이라는
새로운 관점의 역사학이 시작되었다.

결정론적 사관: 역사는 일정한 인과 관계에 따른 법칙에 의하여 결정되는 것으로, 선택의 자유에 의한 것이 아니라는 역사관.

역사학자는 실제로 일어난 과거의 사건에 대한 객관적 서술을 목표로 한다.

따라서 국지적 시각이 아니라
세계사적 시각에서
역사적 자료를
조사하고 분석해야 한다.

토인비는
서구 중심의 세계관에서 벗어나
이슬람교, 불교 문화권 등을 포함한
전체적 시각에서 역사를 객관적으로 기술하였다.

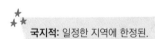

국지적: 일정한 지역에 한정된.

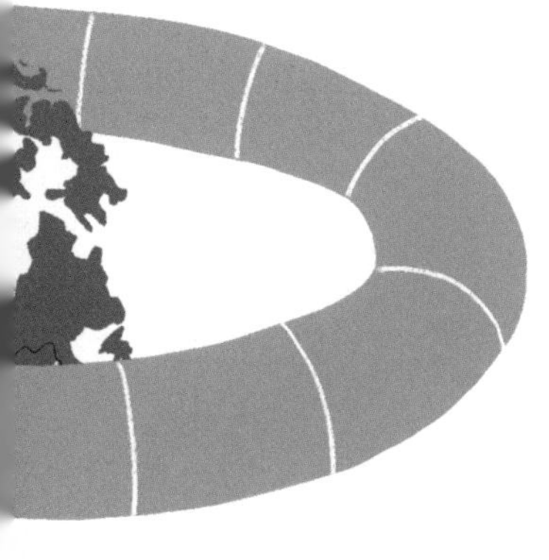

뛰어난 통찰력으로
역사의 반복과 순환성을 발견한 토인비.
그는 역사를 통해 과거의 잘못을 깨닫고
미래를 예측하여 준비하자고 주장했다.

"인류에게 가장 큰 비극은
지나간 역사에서
아무런 교훈도 얻지 못할 때 발생한다."

'역사'는 인간이 살아온 생활의 총체로서
과거의 기록을 의미한다.

역사학자는 더 나은 미래를 위해
과거를 분석하여
현재를 반성하고
미래를 조망한다.

지식e 궁금해!

토인비와 《역사의 연구》

아널드 토인비의 역작인 《역사의 연구》는 1934년부터 1961년까지 28년에 걸쳐 완성된 열두 권짜리 역사 연구서예요. 제1차 세계 대전으로 서유럽 문명의 장래에 위기의식을 느낀 토인비가 문명권에 대한 연구를 통해 서유럽 문명이 살아남을 수 있는 방법을 탐구한 책이지요. 토인비는 문명이 살아남을 수 있는 원리를 '도전과 응전의 원리'로 설명했어요. 자연의 도전에 대한 인간의 응전이 바로 인간 사회의 문명과 역사를 발전시키는 바탕이 된다고 했지요. 아무런 도전이 없는 문명은 살아남지 못하고 자연의 도전에 제대로 응전하는 문명만이 살아남아 오래 유지될 수 있다고 주장했어요.

역사학자가 되고 싶다고요?

역사학자는 아주 옛날부터 현대에 이르기까지 정치, 경제, 사회, 문화 등 사람들의 생활과 사상을 조사하고 연구해요. 따라서 공부하려는 지역이나 시대의 언어를 잘 알아야 해요. 또 사상이나 철학 등 관련 분야의 공부도 게을리하지 않아야 하지요. 예를 들어 우리나라 역사나 동양 역사를 연구하려면 한문이나 중국어, 일본어 등을 알아야 해요. 또 서양의 고대에 대해 연구하려면 예전에 서양에서 쓰던 라틴 어나 고대 그리스 어를 알아야 하지요.

역사학자가 되려면 대학이나 대학원에서 역사 관련 학과를 전공하는 게 일반적이에요. 대학원을 졸업한 후에는 대학 교수가 되거나 역사 관련 연구소에서 활동하게 되지요. 대부분의 역사학자는 박사 학위를 갖고 있답니다. 그만큼 전문성이 필요한 직업이지요. 역사학자에게는 끊임없이 자기 연구 분야를 탐구하는 자세가 필요하기 때문에, 오랜 기간에 걸쳐 꾸준히 공부하는 걸 즐길 수 있어야 해요.

역사와 관련된 직업이 궁금하다고요?

✶ 고고학자

고고학자는 인류가 남긴 유적과 유물을 통해 인류의 역사와 문화, 생활 방식 등을 연구하고 복원하며 해석하는 사람이에요. 특히 문자로 된 기록이 남아 있지 않은 선사 시대의 유적과 유물에 대한 연구는 그 시대를 이해하기 위해서 반드시 필요한 일이지요. 20세기에 들어와 과학 기술의 발전으로 새로운 자료 분석 기법과 연대 측정법이 나오면서 활발한 연구가 이루어지고 있어요.

✶ 인류학자

인류학자는 인류와 그 문화를 총체적으로 연구하는 사람이에요. 의식주를 비롯하여 사회 구조, 관습, 종교, 예술, 과학 등 물질생활과 정신생활을 통틀어 다른 동물에게서는 찾아볼 수 없는 인류 특유의 생활 방식을 연구하여 인류를 전체적으로 이해하려고 하지요.

13 뇌의 비밀을 파헤치는 모험가

뇌신경학자 **올리버 색스**

★ 인간에 대한 존엄성을 잊지 않는다

뇌신경학자는 사람의 생각과 행동을 관장하는 뇌와 정신 활동의 관계를 학문적으로 연구한다. 뇌신경학자의 탐구는 또한 인간의 정체성을 밝히려는 노력이기도 하다. 우리의 뇌와 정신은 어떤 관계를 갖고 있을까?

어느 날 갑자기 사람의 얼굴과 사물의 형태를
분간할 수 없게 된 음악 선생님.
과거는 자세히 기억하지만
현재는 기억할 수 없는 남자.
오른쪽을 보지 못하는 여자.
바흐의 모든 곡을 외우는 백치.
갑자기 색맹이 되어 버린 화가.

이처럼 기이한 뇌신경 장애를 겪고 있는
환자들의 이야기를
뇌신경학자의 전문적인 식견과
따뜻한 시선으로 그려 낸
책이 출간되었다.

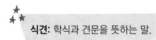

식견: 학식과 견문을 뜻하는 말.

생각해 보기 사람의 정신 활동은 어떻게 이루어지는 것일까요?

'아내를 모자로 착각한 남자'라는 제목의
이 책을 쓴 사람은
의과 대학 신경 정신과 교수를 지낸
미국의 뇌신경학자 올리버 색스.

그는
뇌신경 장애 환자들의 임상 기록을
문학으로 승화시키며
인간의 뇌에 관한 사람들의
이해를 바꾸었다.

임상: 직접 환자와 접촉하면서
진료에 임하는 것.

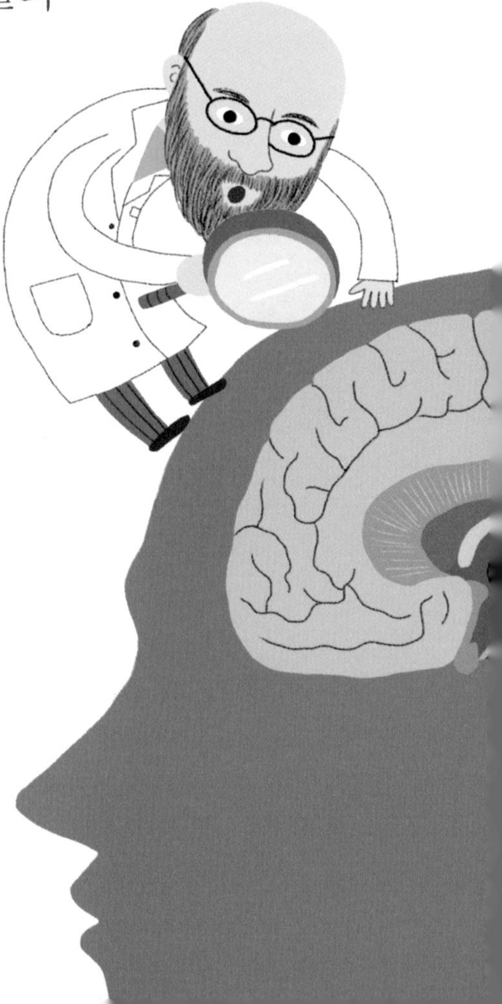

'정확히 설명할 수 없지만,
모든 뇌신경 장애에는
반드시 원인이 있을 거야.
원인 없는 결과는 없는 법이니까!'

그는
원인도 치료법도 알지 못한 채
고통에 시달리는 뇌신경 장애 환자들의
증상을 파악하여 정확한 처방을
내려 주고 싶었다.

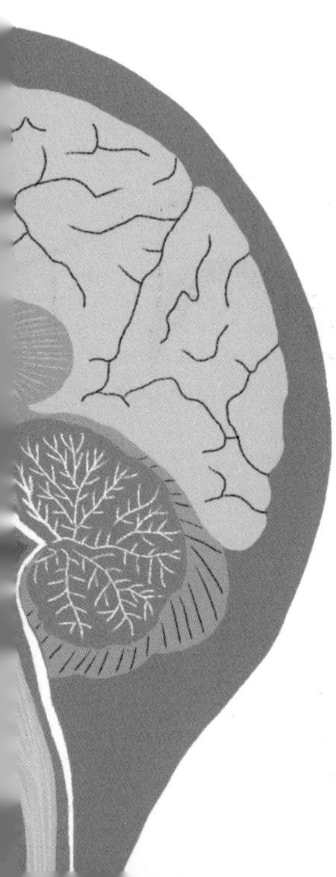

뇌신경학자는
뇌의 비밀을 풀어내고
그것을 바탕으로
뇌신경 장애 환자를 치료한다.

올리버 색스는
뇌신경 장애 연구를 통해
한번 잠들면 깨어나지 않는
수면병 치료법을 발견하였다.

또한 아주 오래된 병이지만
정체를 모르던 편두통이
정신적인 측면과 관련이 있다는
사실도 밝혀냈다.

편두통: 머리의 어느 한쪽에서 나타나는 두통을 가리키는 말.

뇌신경학자는
병이 아니라 인간을 먼저
생각해야 한다.

올리버 색스는
환자를 신경과 화학 물질로 이루어진
단순한 생물로 보기보다는
존엄성을 가진 인간으로 대했다.

그는 '뇌신경 장애 환자에게도
조금 다르긴 하지만 그들 고유의 삶이 있고
그 삶도 존중받아야 마땅하다.'는
당연한 사실을 일깨워 주었다.

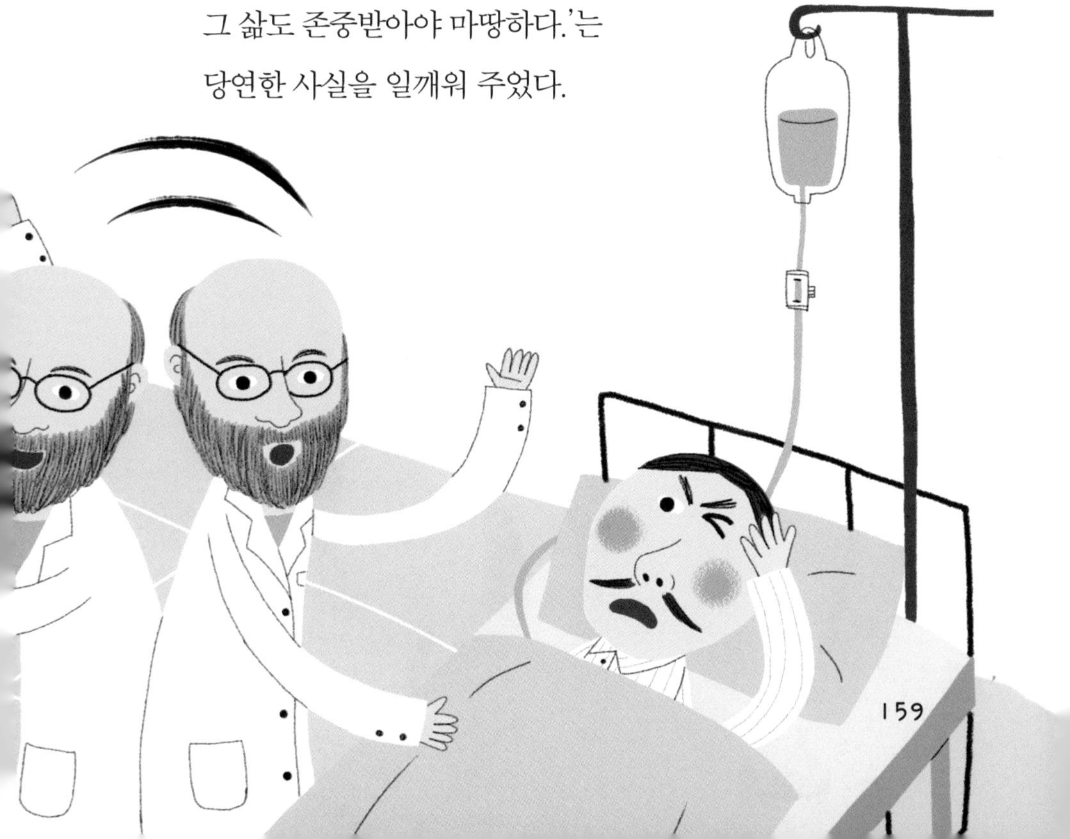

뇌신경학자이자 의사로서
올리버 색스가 갖고 있는 가장 큰 장점은
인간에 대한 따뜻한 애정이다.

그는 자신의 책에서
이러한 마음을 바탕으로
뇌신경 장애 환자들을 소개했는데,
혼란 속에서도 성장과 적응의 길을 찾으며
자신의 감추어진 능력을 끄집어내는 모습을
아주 긍정적인 시선으로 그리고 있다.

"나는 인간이 어떤 부분을
상실하거나 손상당한 상태에서
그것을 이겨 내고
새롭게 적응해 가는 과정을
이야기하고 싶었다."

세상은 그를,
아름다운 문학적 글쓰기에 대한 칭송을 담아
'의학계의 계관 시인'이라고 부른다.

계관 시인: 고대 그리스에서 훌륭한 시인에게 월계수로 만든 관을 머리에 씌워 준 데서 기원했으며, 훌륭한 문학적 업적을 남긴 사람을 비유적으로 이른다.

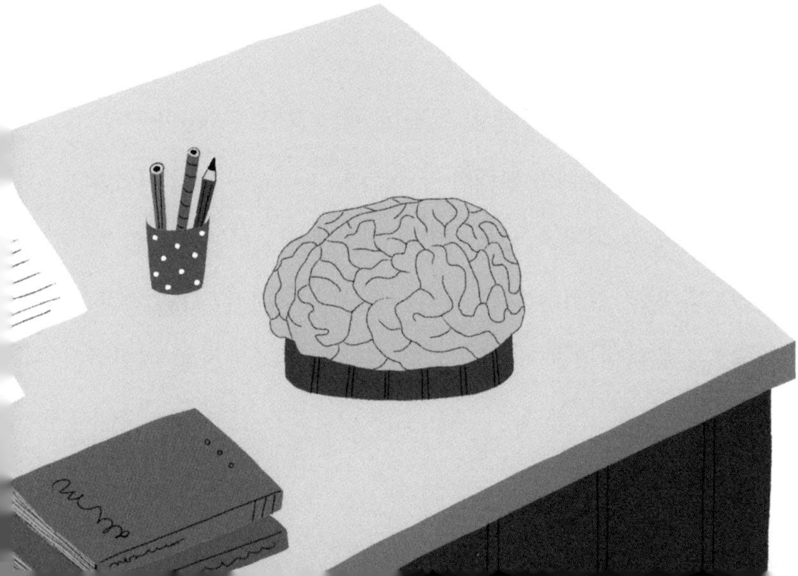

지식e 궁금해!

환자를 인간으로 본 올리버 색스

올리버 색스의 대표작인 《아내를 모자로 착각한 남자》에 나오는 유명한 이야기가 있어요. 어느 날 한 남자가 아내와 함께 올리버 색스를 찾아왔어요. 음악 선생인 그는 뇌의 특정 부위에 문제가 있어 사람의 얼굴과 사물의 형태를 제대로 인식하지 못하는 뇌신경 장애를 가졌기 때문에 진료를 받으러 온 것이지요. 진료가 끝나자 집에 가기 위해 모자를 찾지만 사물을 제대로 인식할 수 없는 그는 모자 대신 옆에 앉은 아내의 머리를 집어 들려고 했어요. 시각 인식 불능증이라고 불리는 병에 걸렸기 때문에 나타나는 현상이지요. 늘 시간에 쫓기는 의사들은 환자를 병명으로 기억하고, 이름 대신 병명을 부르기도 한대요. 하지만 올리버 색스는 환자를 병명으로 대하지 않고 그 사람의 전체를 바라보았어요. 환자를 질병이 아니라 단지 질병을 가진 인간으로 한결같이 대해 준 것이지요.

뇌신경학자가 되고 싶다고요?

뇌신경학자는 사람의 뇌를 연구해요. 사람의 뇌는 흔히 '1.5kg의 우주'라고 해요. 아주 작고 가볍지만 광대한 우주처럼 그 비밀을 알기 어렵다는 뜻이지요. 사람들은 뇌가 어떻게 생겼고 어떻게 작동하는지 뇌의 비밀을 오래전부터 알고 싶어 했지만 아직도 많이 밝혀지지는 않았어요. 그러니까 앞으로 밝혀낼 부분이 많이 남아 있다는 뜻도 되지요. 뇌신경학자가 하는 일은 인과 관계가 맞는지 틀리는지 바로 알 수 없기 때문에 쉽게 결과가 나타나지 않아요. 그래서 끈기와 인내심을 갖고 결과가 나타날 때까지 기다려야 하지요.

뇌신경학자가 되려면 대학에서 뇌신경학을 전공하고 졸업 후에도 대학원 등에서 공부를 계속해야 해요. 보통은 신경 정신과 의사가 되는 경우가 많지만 뇌 자체를 연구하는 기관에서 연구원으로 일하기도 하지요.

뇌와 관련된 직업이 궁금하다고요?

* 뇌 과학자

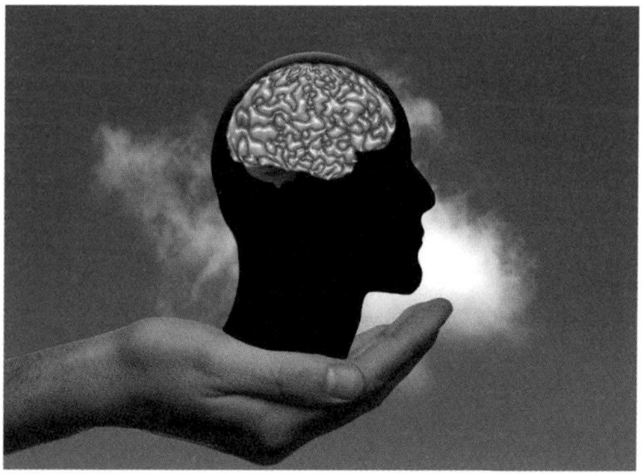

뇌 과학자는 뇌의 작동 원리를 연구하는 사람이에요. 사람의 사고와 행동이 일어날 때 또는 자극에 대해 반응이 일어날 때 뇌의 어떤 부분이 어떻게 작용하는지를 밝힘으로써 뇌와 인간의 사고, 행동 패턴을 알아내려고 하지요.

* 뇌 공학자

뇌 공학자는 뇌 과학에서 밝혀진 지식을 바탕으로 새로운 기술을 이용한 기계나 도구를 만드는 사람이에요. 휴머노이드 로봇을 만들기 위해서는 사람처럼 생각하고 행동할 수 있는 인공 지능이 필요해요. 뇌 공학자는 이처럼 과학적 지식을 이용해서 실제로 쓰일 수 있는 인공두뇌나 뇌 질환 진단을 위한 뇌 영상 장치 등을 만들어요.

14 진화의 과정을 밝혀내는 추적자

진화 생물학자 **리처드 도킨스**

★ 과학의 엄정한 객관성을 유지하라

진화 생물학자는 생물이 다양성을 형성해 가는 과정인 진화를 연구한다.
생물학은 생명 현상에 대한 학문이고,
진화 생물학은 생명의 역사에 대한 학문이다.
과연 생물과 생명의 역사는 어떻게 이루어져 있을까?

'인간이란 무엇일까?'
오랜 세월, 수많은 사람들이
답을 찾아 헤맨 물음이다.

'인간은 생각하는 동물이다.'
'인간은 사회적 동물이다.'
'인간은 도구를 사용하는 동물이다.'

인간의 정의는
수만 가지이지만
확실한 것은 없다.

유전자: 부모로부터 자식에게 전해지는 특징을 만들어 내는 유전 정보의 기본 단위.

이 오래된 물음에
'인간은 유전자가 자기 보존을 위해
선택한 생존 기계'라는
아주 새로운 답을 내놓은
과학자가 있다.

생각해 보기 사람은 진화의 결과일까요, 창조의 결과일까요?

인간에 대한
충격적인 정의를 내린 이 과학자는
《이기적 유전자》라는 책으로
세계적인 명성을 얻은
영국의 진화 생물학자 리처드 도킨스.

그는
유전자가 자기를 보존하기 위해
생물체를 진화의 도구로 이용할 뿐이라고
결론지음으로써
인간을 포함한 생물을 새롭게 정의했다.

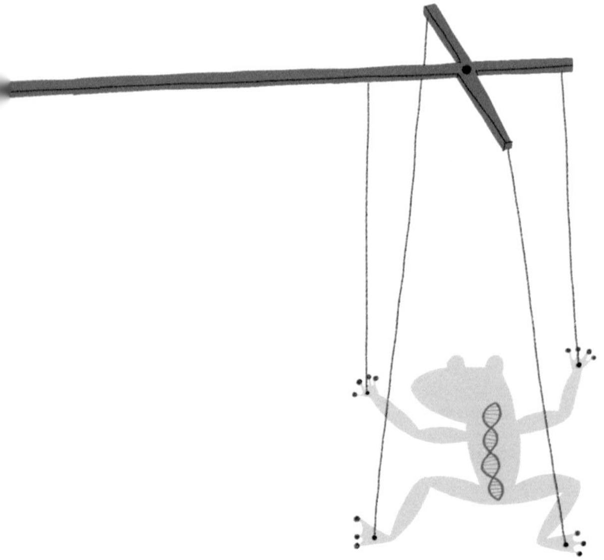

인간은 다른 생물과 달리
고귀한 존재라는 생각을 갖고 있던 사람들에게
도킨스의 정의는 커다란 충격을 주었다.

인간 존재에 대한
새로운 통찰을 보여 주는
그의 견해는
철학이나 사회 과학 분야에까지
큰 영향을 미쳤다.

진화 생물학자는
인간을 비롯해 모든 생물의
진화 과정을 연구한다.

진화는 생물이 다양성을 형성해 가는 과정이며,
진화 생물학은 생명의 역사에 관한 학문이다.

진화 생물학자는
생명이 태어나서 현재에 이르기까지,
최초의 생명체로부터
현존하는 다양한 생물들에 이르기까지
모든 생물의 변화와 성장 과정을 탐구한다.

우리가 진화 과정을 직접 볼 수 없기 때문에
진화가 불확실하다는 주장에 대해
도킨스는
진화가 일어나는 시간이 너무 길어서
그것을 보지 못할 뿐이지
진화가 일어난다는 사실은 여러 증거들로
명확하게 알 수 있다고 말한다.

"진화는
우리가 아는 다른 어떤 과학만큼이나
확실하다."

진화 생물학자는
엄정하게 객관성을 유지하려는
과학적 태도를 가져야 한다.

그는 어떠한 선입견이나 편견도 없이
자연에서 사실로 주어진 것만을
연구 대상으로 삼아야 한다.

생명의 역사에서 인간에게만
특수하고도 우월한 지위를 부여하지 않고
인간 역시 생명의 진화 과정 속에서
동등하게 설명해야 한다.

아주 오랜 기간에 걸쳐
인간과 개구리와 지렁이가
같은 조상에서 진화되었다는
과학적 사실을
우리는 받아들이기
어려울 수도 있다.

진화 생물학자는
이런 사실을
사람들이 편견 없이
받아들일 수 있도록
입증하려는 과학자이다.

지식e 궁금해!

진화론의 수호자, 리처드 도킨스

리처드 도킨스는《이기적 유전자》라는 저서에서 인간을 포함한 생물들에 대해 유전자가 살아남기 위해 이용하는 꼭두각시에 불과하다는 새로운 정의를 내렸어요. 모든 생물은 같은 조상으로부터 유래했다는 다윈의 진화론을 충실히 따른 결과였지요. 하지만 도킨스의 정의는 인간이란 자유 의지를 가진 고귀한 존재라는 사람들의 고정 관념에 큰 충격을 주었고, 격렬한 비판을 받았어요. 특히 모든 생물은 신이 창조했다고 생각하는 창조론자들로부터 받은 비판은 엄청났지요. 다윈이 진화론을 발표했을 때도 창조론자들은 인간의 조상이 원숭이라는 것이냐며 크게 반대했거든요. 자신에 대한 비난에 대해 도킨스는《눈먼 시계공》이라는 저서를 통해 창조론을 비판했어요. 시계와 같은 정밀한 기계를 만들려면 시계공과 같은 설계자가 있어야만 한다는 '시계공의 비유'를 비판하면서 진화의 과정에서 큰 역할을 하는 자연 선택이 바로 시계공이며, 이 세상과 생물이 생겨나는 데에는 어떤 설계자도 필요 없다고 주장했지요.

진화 생물학자가 되고 싶다고요?

생물학은 지구 상에 살고 있거나 살았던 생물과 생명 현상에 대해 연구하는 학문이에요. 생물의 구조와 기능, 성장과 분포, 진화, 분류 등 다양한 연구를 하지요. 진화 생물학은 그중에서 생물의 진화 과정을 연구하는 학문으로 생물학의 가장 기본적인 분야예요. 지구 상에 가장 처음 생겨난 생명체는 무엇이고 그것이 어떤 과정을 거쳐 지금의 다양한 생물들로 변화해 왔는지를 두루 살펴야 하기 때문에 진화 생물학자는 고고학이나 지질학, 역사학 등 관련 분야에 대한 지식도 갖고 있어야 해요. 또 진화가 일어나는 과정이 아주 길고 눈에 보이지 않기 때문에 끈기와 인내심이 가장 필요하지요.

진화 생물학자가 되려면 대학이나 대학원에서 생물학을 전공하는 경우가 많아요. 대학원을 졸업한 후에 대부분 대학 교수나 연구원이 되지요.

생명을 연구하는 직업이 궁금하다고요?

＊ 유전학자

유전학자는 생물이 가지고 있는 형태나 성질이 자손에게 전해지는 과정과 그것들이 다음 세대에서 어떻게 나타나는지를 연구해요. 요즘에는 유전자를 이용한 치료나 유전자 변형 식품 등 유전자를 이용한 산업이 발달하면서 유전학자의 활동이 더욱 활발하지요.

＊ 동물학자

동물학자는 동물의 분류나 형태, 생태나 유전 등을 연구하는 사람이에요. 대학 교수뿐만 아니라 자연 보존 협회나 국립 공원 관리소, 동물원에서 동물을 사육하는 사람 등으로 활동하지요.

＊ 식물학자

식물학자는 식물의 분류와 형태, 생활을 연구해요. 식물학은 약용 식물이나 독성 식물의 구별처럼 사람의 필요에 의해 시작된 학문이에요. 대학 교수나 병원, 제약 회사, 농업 연구원 등에서 일하는 경우가 많아요.

4부

새로운 세상, 미래의 유망 직업

15 데이터에서 가치를 찾아내는 가치 창조자

빅 데이터 분석가 **정준호***

★ 사람들에게 유용한 가치를 찾아라

빅 데이터 분석가는 방대한 데이터를 분석하여
사람들의 행동 패턴이나 시장 경제 등을 예측함으로써
사회와 인류에게 가치 있는 정보를 제공한다.
빅 데이터 분석이 어떻게 우리의 생활을 편리하게 만들까?

미국 프로 야구에서
늘 꼴찌에 머물렀던
오클랜드 애슬레틱스 팀을 맡아
4년 연속 포스트 시즌에 진출시키고
140년 메이저 리그 역사에서
최초로 20연승이라는
신기록을 세운
빌리 빈 단장.

빌리 빈: 전직 프로 야구 선수였으며 오클랜드 애슬레틱스의 단장을 맡아 좋은 성적을 거두었다.

이 이야기를 영화로 만든 것이
바로 〈머니 볼〉.
민이는 빅 데이터 분석가인 준호 삼촌이
이 영화를 추천해 준 이유가 궁금하여
인터넷으로 알아보았다.

빅 데이터: 통상적으로 사용되는 데이터의 수집 및 관리의 수용 한계를 넘어서는 크기의 데이터.

생각해 보기 빅 데이터를 이용해 로또 번호를 예측할 수 있을까요?

이전까지 야구에서는

타율이나 홈런, 타점만

중요하게 여겼다.

그러나 빌리 빈은

출루율, 장타율, 사사구 비율이

승부에 큰 영향을 미친다는 것을 알아내고

이런 것에 강점이 있는 선수들로 팀을 꾸려

좋은 성적을 냈다.

타율: 타자가 공격 기회에서 몇 번의 안타를 쳤는지를 나타낸 수치.

출루율: 타자가 공격 기회에서 얼마나 많이 살아 나갔는지를 나타낸 수치.

장타율: 단타를 1, 2루타를 2, 3루타를 3, 홈런을 4로 따져 합한 수를 타수로 나눈 수치로, 타자의 장타력을 측정하는 데 사용된다.

민이는

빌리 빈이 야구 경기에 적용한 것이

빅 데이터 분석을 활용한

유명한 사례라는 것도

알게 되었다.

사사구: 볼 넷과 몸에 맞는 공을 합친 야구 용어.

수학을 좋아하는 민이는
삼촌이 이 영화를 추천해 준 이유를
어렴풋이 알 것 같았다.

빅 데이터 분석에
흥미를 느낀 민이는
빅 데이터 분석가인 삼촌을 찾아갔다.

"삼촌, 빅 데이터 분석가가 하는 일이 뭐죠?"

"빅 데이터 분석가는
대량의 데이터를 분석해서
가치 있는 정보를 찾아내는 일을 하지."

디지털 환경에서는 다양한 형식의 데이터가
아주 빠른 속도로 생긴다.
예전에는 가게에서 카드로 물건을 살 때에만
언제 어떤 물건을 샀는지 기록이 남았지만,
요즘은 인터넷 쇼핑을 하면 상품을 산 기록은 물론이고
물건을 검색한 기록까지 남는다.
또 버스 카드를 사용하면 언제 어디를 갔는지도
기록으로 남는다.

이렇게 생겨난 엄청난 양의 데이터를 분석해서 가치 있는 정보를 추출하는 것이 빅 데이터 분석이다.

디지털 환경: 디지털 기기의 사용이 일상화되어 주변의 모든 것들이 디지털 기기를 통해 가동되는 환경.

“빅 데이터 분석으로 얻을 수 있는 게 뭘까요?”

“빅 데이터는 잘 활용하면
사람들의 생활을 편리하게 만들 수 있어.”

몇 년 전 서울시에서 심야 버스 노선을 정할 때
빅 데이터를 활용하였다.
서울시는 심야에 많은 사람들이 이용하는
버스 노선을 만들기 위해
심야 시간에 기록된
수십 억 건의 통화 데이터와
택시 결제 데이터를 분석하였다.
그 결과를 적용하여 만든 심야 버스를
많은 사람들이 유용하게 이용하고 있다.

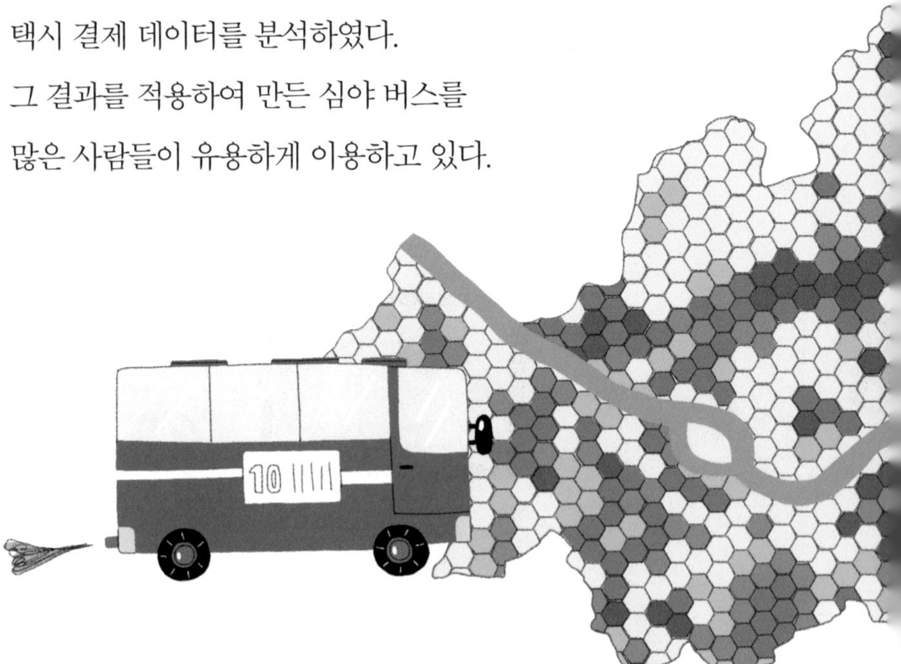

오늘날

빅 데이터 분석은

학문적인 통계학으로부터 시작해

기상 정보와 각종 사회 조사,

기업 경영에 이르기까지

여러 영역에서 활용되고 있다.

국가가 사업을 시행할 때

더 많은 사람에게 편의를 주기 위해,

기업은 고객의 구매 패턴을 파악하여

맞춤 서비스를 하기 위해

빅 데이터를 분석한다.

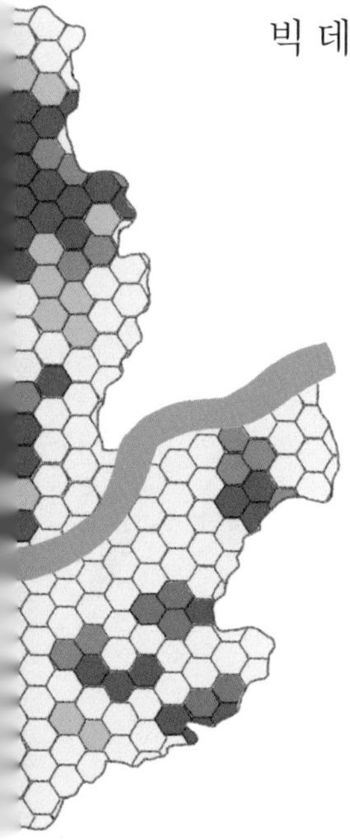

얼마 전 세계 경제 포럼은
떠오르는 10대 기술 가운데
그 첫 번째로
빅 데이터 기술을 선정했다.

세계 경제 포럼: 저명한 기업인, 경제학자, 저널리스트, 정치인 등이 모여 세계 경제에 대해 토론하고 연구하는 국제 민간 회의.

앞으로 빅 데이터를 활용하는 분야는
더욱 늘어날 것으로 예측된다.

하지만
빅 데이터는 유용성 못지않게
문제점도 갖고 있다.

개인의 사적인 정보까지
수집하여 관리하기 때문에
사생활 침해와 개인 정보 유출의
위험이 있다.

끝으로 삼촌은 민이에게
한 가지를 강조했다.

"새로운 기술이나 기법도 중요하지만
그것을 사용하는 사람의 마음이 더 중요한 거란다."

16 디지털 기술로 전통을 되살리는 장인

문화재 디지털 복원가 **고진용***

★ 창의적으로 상상하라

문화재 디지털 복원가는 직접적으로 훼손되거나 과거에 사라져 버린 유·무형의 문화재를 홀로그램이나 그래픽, 3차원 입체 영상(3D) 등의 디지털 작업을 통해 복원하는 일을 한다.
첨단 기술과 접목된 전통은 어떤 모습일까?

지난 여름 방학에 부모님과

안동 전통문화 콘텐츠 박물관을 다녀온 후로

문화재 디지털 복원가를

꿈꾸게 된 성호.

전통문화 콘텐츠 박물관: 실제 유물이 아니라 최첨단 디지털 콘텐츠만으로 전통문화의 가치와 내용을 체험할 수 있는 곳. 2007년 9월 우리나라에서 최초로 개관했다.

박물관에서 본

도산서원의 입체 영상은

입체감이 뚜렷하여

마치 실물 속에 들어와 있는 것 같았다.

'아까 실제로 본 도산서원보다

더 생생하고 근사하게 보이네!'

복원: 원래대로 회복하는 것을 이르는 말.

생각해 보기 실제 유물과 디지털 복원된 유물은 어떤 차이가 있을까요?

영상 제작에 관심이 많은 성호는
문화재 디지털 복원 과정이 궁금해졌다.

"안녕하세요?
저는 초등학교 6학년 이성호입니다.
문화재 디지털 복원에 대해
알고 싶은데 찾아뵈어도 될까요?"

성호는 박물관에서 소개 받은
문화재 디지털 복원가 고진용 선생님께
메일을 보내 만나기로 했다.

"문화재 디지털 복원이란 어떤 일인가요?"

"유·무형의 문화재를
홀로그램이나 그래픽,
3차원 입체 영상 등으로
복원하는 일을 말한단다."

홀로그램: 빛의 간섭 현상을 이용해 입체 정보를 기록하고 재생하는 매체.

유형 문화재는 시간이 지나면
훼손되거나 재난으로 무너지기도 한다.
또 무형 문화재는 전승되는 과정에서
변형될 수 있다.

승무: 장삼과 고깔을 걸치고 북채를 쥐고 추는 민속춤.

성벽이 무너진 남한산성이나
승무처럼 고정된 형태가 없는 무형 문화재를
원래의 모습을 살려 보존할 수 있는 방법이
바로 디지털 복원.

"문화재 디지털 복원은
단지 외형적 모습만 복원하는 게 아니야.
사진이나 엑스선 촬영, 컴퓨터 단층 촬영 등을 통해
유물의 표면뿐 아니라
내부의 모습도 관찰하고,
고증 자료를 조사하는 등
정밀한 작업 과정을 거쳐야 해."

컴퓨터 단층 촬영: 방사선을 물체에 투과시켜 물체의 단면을 촬영함으로써 물체의 내부 구조 및 결함을 조사하는 촬영 방식.

문화재 디지털 복원가의
책상 위는 여러 사진과
고증 자료로 빼곡했다.

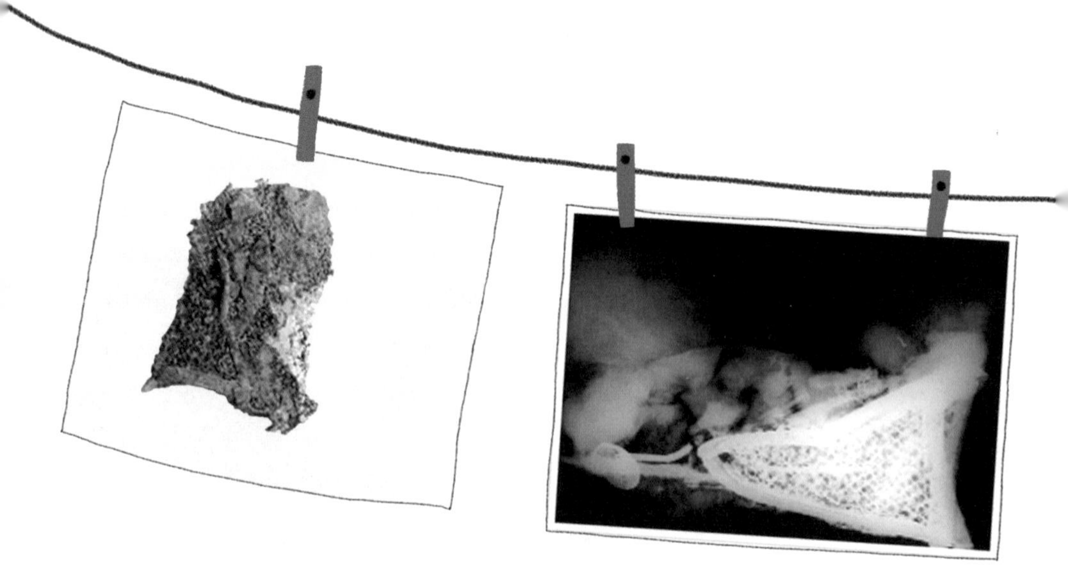

"문화재 디지털 복원가가 되려면
어떤 공부를 해야 하나요?"

"문화재를 재현하려면
우선 건축 관련 공부를 해야 해.
또 디지털 영상을 만들 수 있는
컴퓨터 관련 공부도 해야 하지."

문화재 디지털 복원을 위해서는
3차원 입체 영상이나 홀로그램 기술,
포토샵이나 일러스트 등
컴퓨터 프로그램에 대한
지식은 기본.

포토샵: 다양한 이미지 편집 기능을 갖고 있는 컴퓨터 프로그램.

일러스트: 컴퓨터에서 그림을 그릴 수 있는 전문적인 프로그램.

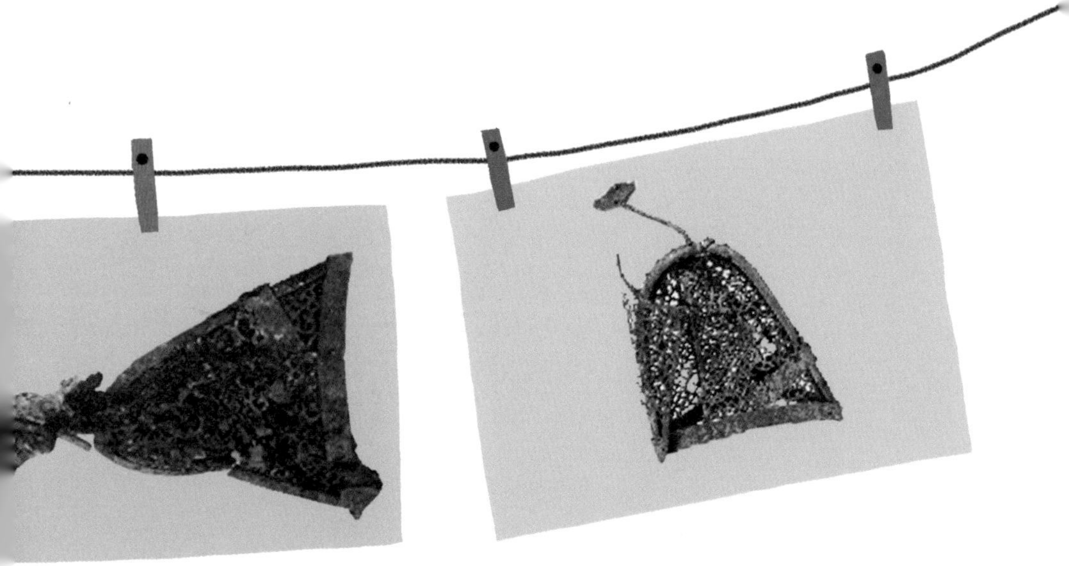

"그리고 문화재 디지털 복원가는

남아 있지 않은 문화재도 복원해야 하기 때문에

창의적인 사고와

상상력이 꼭 필요하지."

'옛날에는 어떤 모습이었을까?'

'당시 사람들은 왜 이걸 만들었을까?'

문화재가 만들어진 시대로 돌아가

끊임없는 호기심과 질문 속에서

과거의 사람들과 대화하고

상상력을 통해

당시의 삶과 문화를 재구성해야 한다.

성호는 고진용 선생님과 대화를 나누면서

앞으로는

문화재를 찾아가서

옛날 사람들과 대화하는

과거로의 시간 여행을

자주 해야겠다고 다짐했다.

자신의 꿈을 이루기 위해

차근차근 준비하는 성호.

20년 후 문화재 디지털 복원가가 된

성호의 모습이 기대된다.

17 다문화 가정 자녀의 한국 정착 도우미

다문화 코디네이터 **김미경***

★ 내 자식처럼 배려하라

다문화 코디네이터는 다문화 가정 자녀의 입학 상담이나 학교 배치, 다문화 교육 지원 사업과 관련된 일을 통해 다문화 가정 자녀가 우리나라에서 제대로 생활하도록 돕는다.
다문화 코디네이터는 어떻게 도움을 주고 있을까?

"오늘은 수진이네 집을 방문하는 날이군!"

교육청 다문화 교육 지원 센터에 근무하는
다문화 코디네이터 김미경 팀장은
약속 시간에 맞춰 수진이네 집으로 향했다.

수진이네는 한국인 아빠와
필리핀 인 엄마로 이루어진
다문화 가정이다.

입학 상담 때
한국말이 서툴렀던 수진이는
예비 학교를 마치고 지난달에
정규 학교에 입학했다.

다문화 가정: 한국인과 외국인이 결혼하여 이룬 가정을 이르는 말.

생각해 보기 다문화 가정 자녀의 가장 큰 고민은 무엇일까요?

"수진아, 새 학교에 잘 다니고 있니?"
"네, 덕분에 잘 다니고 있어요."
아직은 서투른 수진이 엄마의 대답에 이어
수진이가 방긋 웃으며 대답했다.
"선생님, 고맙습니다!"

다문화 코디네이터는
다문화 가정의 자녀가
안정적인 교육을 받을 수 있도록
다양한 분야의
교육 프로그램을 소개하고
지원하는 일을 한다.

입학 상담을 통해
다문화 가정 자녀가
적절한 학교에 갈 수 있도록
도와주고,
한국말이 서툰 학생은
정규 학교에 가기 전에
한국어와 한국 문화를 가르치는
예비 학교에 다니도록 해 준다.

특히 외국에서 태어나 살다가
한국으로 옮겨 온
다문화 가정 학생의 경우는
학교생활에 적응하기가
더욱 힘들다.

이들에게 적절한 학교를 찾아 주고
잘 적응하도록 도와주며
자상하게 보살피는 것도
다문화 코디네이터의 일.

"수진아, 학교 즐겁게 다니렴. 안녕!
어머니, 혹시 또 궁금한 게 생기면 연락 주세요."
상담을 마친 김미경 팀장은 급히 다음 집으로 향했다.

다문화 코디네이터의 하루는
눈코 뜰 새 없이 바쁘다.

급격하게 늘어나는
다문화 가정과
그에 비해 터무니없이 적은 수의
다문화 코디네이터.

나라에서도 그 심각성을 이해하고
다문화 코디네이터의 수를
늘리려고 하고 있다.
앞으로 그 수요는
더욱 늘어날 것이다.

다문화 코디네이터에게
배려심과 인내심은
필수 조건이다.

다문화 가정 자녀들의 어려움을
나와 내 가족의 어려움으로 느끼며
아이들이 학업을 잘 끝마칠 수 있도록
적극적으로 지원해야 하기 때문이다.

물론 외국어 능력이 뛰어나거나

교사 자격증이 있으면 좋다.

하지만 다문화 코디네이터에게

가장 필요한 것은

다문화 가정 자녀를

내 자식처럼 생각하는 마음이다.

국제화 시대를 맞이하여

우리나라에는

피부색이나 문화, 종교가 다른

다양한 외국인들이

함께 모여 산다.

국제화 시대: 교통과 통신의 발달로 국가 사이에 장벽 없이 소통하는 시대.

낯선 타국에서

새로운 환경에 적응하는 일은

결코 쉽지 않다.

다문화 가정 자녀들의

한국에서의 교육을 돌보면서

외국인들의 한국 정착을 돕는

민간 외교관, 다문화 코디네이터.

김미경 팀장은

바쁜 일정으로 피곤했지만

수진이의 환한 미소를 생각하자

힘이 솟았다.

지식e 궁금해!

☆ 지식과 정보 분야 ☆

미래의 유망 직업에 대해 더 알아볼까요?

*과학 에듀케이터

국공립 과학관이나 과학박물관에서 과학을 대중적으로 알리는 일을 해요. 사람들이 어렵게 느끼는 과학을 친근하고 일상적인 분야로 만들기 위해 과학 관련 전시나 교육 프로그램을 만들어 운영하며 다양한 사람들을 대상으로 과학 수업을 진행하기도 해요. 이런 수업은 학생뿐만 아니라 어른들도 대상으로 해요. 그래서 수업을 듣는 대상에 따라 알맞은 수준의 프로그램을 만드는 것이 중요하지요. 과학 에듀케이터가 되려면 과학 교육을 전공하면 유리하고, 교사 자격증이 있으면 도움이 돼요. 과학 이론을 쉽고 재미있게 설명하기 위해서는 과학에 대한 지식, 의미를 효과적으로 잘 전달할 수 있는 능력, 그리고 유머 감각이 필요하지요.

*음악 치료사

음악을 통해서 사람의 마음을 치료하는 일을 해요. 피아노와 북 같은 악기를 이용해서 즉흥적으로 연주를 하거나 노래 부르기, 노래 만들기, 음악 듣기 등의 여러 활동을 통해 환자를 치료하지요. 환자의 마음 상태에 따라 치료에 적합한 음악을 골라 들려주고, 환자가 악기를 연주하면서 자신의 병을 치료하도록 도와주어요. 음악 치료사가 되려면 대학에서 음악이나 특수 교육 등을 전공한 후에 대학원에서 음악 치료에 대한 공부를 더 해야 해요. 음악 치료사는 사람의 마음에 대해 많이 알아야 하기 때문에 심리학 공부도 해야 한답니다.

*** 디지털 영상 처리 전문가**

컴퓨터를 이용하여 영상을 데이터로 처리하거나 특수 효과를 만드는 일을 해요. 영화에서 회사나 연구소에 들어가려는 사람을 손가락의 지문이나 눈동자로 확인하는 장면을 본 적이 있을 거예요. 이처럼 확보된 사진이나 동영상과 들어가려는 사람의 지문이나 눈동자를 비교, 분석하는 일도 디지털 영상 처리 전문가가 하는 일 중의 하나예요. 또 영화에서 갑자기 사람의 신체 일부가 없어지는 장면이나 공룡 시대 같은, 실제 촬영이 불가능한 장면을 표현하는 일도 디지털 영상 처리 전문가가 하는 일이지요. 디지털 영상 처리 기술은 의료 및 보안, 영화, 방송 편집 분야 등에서 널리 응용되고 있기 때문에 앞으로 더욱 발전할 거예요.

*** 증강 현실 전문가**

스마트폰으로 현재 위치를 설정하고 가까운 약국이나 마트를 검색해 본 적이 있나요? 이 서비스는 현재 위치에서 360도 회전하면서 약국과 마트들을 보여 주고 정보까지 제공해 주지요. 이처럼 화면을 통해 보이는 현실 공간에 정보나 가상의 이미지를 겹쳐서 하나의 영상으로 만드는 기술을 '증강 현실'이라고 해요. 가상의 이미지만을 사용하는 '가상 현실'과는 달라요. 증강 현실 전문가는 하늘을 비추면 날씨 정보가 뜨는 기술, 가게에서 음식의 포장에 찍혀 있는 QR 코드를 카메라로 비추면 제품이 만들어지기까지의 과정이나 요리법이 동영상으로 나오는 기술 등 생활에 유용한 기술을 개발하지요.

* 인공 지능 전문가

인간의 사고 과정에 대한 이해를 바탕으로 컴퓨터와 로봇 등이 인간과 같이 사고하고 의사 결정을 할 수 있도록 인공 지능 프로그램을 만드는 일을 해요. 대표적인 것으로 사람의 음성을 듣고 다른 언어로 번역을 해 주는 일이나 말을 이해하고 스스로 학습해서 판단하고 예측하는 일을 하는 프로그램 등이 있어요. 또한 인공 지능 전문가는 인공적인 감성도 연구하기 위해 심리학과 관련된 연구를 하기도 해요. 인공 지능 분야는 개척할 수 있는 여지가 많기 때문에 앞으로 필요로 하는 곳이 많아요. 새로운 것에 호기심이 많고 집중력과 창의성이 있는 사람이 하기에 적합해요. 인공 지능 전문가가 되려면 대학에서 컴퓨터 공학이나 정보 공학 등을 전공하면 좋아요. 그 밖에도 수학 및 기초 과학, 심리학, 신경 생리학 등에 관한 지식이 필요하지요.

* 컴퓨터 보안 전문가

우리가 사용하는 컴퓨터가 해커들에 의해 해킹당하는 것을 막아 주는 일을 해요. 모든 것이 디지털화되어 정보 시스템에 저장되는 정보화 시대에 정보 시스템에 침입해서 장애를 일으키거나 저장된 문서를 훔쳐 가는 해킹은 무서운 범죄 행위예요. 이런 사이버 테러를 막기 위해 보안 시스템을 만들고 바이러스를 치료하는 백신 프로그램을 만들며, 손상된 데이터를 복구하는 일을 하는 사람들이 바로 컴퓨터 보안 전문가예요. 컴퓨터 보안 전문가가 되려면 대학에서 컴퓨터 관련 학과나 정보 보호 관련 학과를 전공하면 좋아요. 정보 보호 전문가 등의 관련 자격증을 따면 취업하기에 유리하지요. 컴퓨터 보안 전문가는 정보 보호 업체나 바이러스 백신 개발 업체, 사이버 수사대 등 다양한 분야에 진출할 수 있어요.

* 지리 정보 시스템 전문가

요즘에는 길을 찾을 때 자동차 내비게이션이나 검색 사이트에서 제공하는 지도 찾기를 이용해요. 이런 서비스를 가능하게 하는 것이 지리 정보 시스템이에요. 지리 정보 시스템 전문가는 수집된 지리 정보를 분석, 가공하여 관련 분야에 적용할 수 있도록 종합적인 정보 시스템을 만들고 관리하는 일을 해요. 지리 정보 시스템은 화물 운송이나 금융 시스템, 항공기 운항, 농업, 철도 등의 분야에서도 폭넓게 사용되고 있어요.

* 데이터베이스 관리자

각종 데이터베이스를 설계하고 만들며 관리하는 일을 해요. 정보화 사회가 되면서 데이터를 이용하는 일이 많아졌어요. 교통 분야를 예로 들면 철도 예매 시스템이나 버스 운용 시스템, 항공 예매 시스템 등은 데이터가 구축되어 있지 않으면 서비스를 할 수 없어요. 데이터베이스 관리자는 다양한 데이터를 신속하게 찾아서 활용할 수 있도록 데이터베이스 시스템을 만들고 관리하지요.

* 무선 주파수 식별 기술 전문가

고속 도로 톨게이트를 통과할 때 '하이패스'라는 곳을 지나면 자동으로 카드를 통해 도로 통행료가 지불되는 것을 본 적이 있을 거예요. 이처럼 전파를 이용해서 먼 거리에서 정보를 인식하는 기술을 무선 주파수 식별(RFID: Radio-Frequency Identification) 기술이라고 해요. 무선 주파수 식별 기술 전문가는 이러한 정보 서비스를 개발하고 관리하는 일을 해요. 무선 주파수 식별 기술은 여권이나 신분증, 교통 카드에도 이용되지요. 또 최근에는 육상 경기 대회에서 선수들의 기록을 정확하게 재는 데에도 활용되고 있어요.

생각하는 힘을 키워 주는

어린이 지식ⓔ

〈어린이 지식ⓔ〉 시리즈는 감동과 재미를 주는 EBS 『지식채널ⓔ』의 내용을 어린이의 눈높이와 초등학교 교과 과정에 맞춰 주제별로 재구성했습니다.

1. 생명과 환경

생명의 탄생과 흐름, 나와 가족, 공동체에 대한 다양한 주제들을 다루어 세상에 대한 바른 시선과 다양한 지식을 제공해 준다. '태어날 때 이미 3억의 경쟁자를 이긴 게 바로 나?', '안아 주는 것만으로 생명을 살릴 수 있다?', '베풀고 살면 몸이 건강해진다?', '햄버거 때문에 지구가 위험하다?', '평생 고기를 먹지 않은 사자가 있다?' 등의 재미있는 이야기를 통해 자존감을 높여 주고, 나와 가족과 사회를 생각하게 해 주고, 더불어 살아가는 지혜를 일깨워 준다.

값 12,000원 ISBN 979-11-86082-33-1(64300)

2. 경제의 이해

경제란 무엇인지 알게 해 주고, 어린이들이 올바른 경제관념을 갖도록 해 준다. 단순히 물건을 사고파는 일 외에도, 모든 일상의 활동이 경제와 어떻게 관련돼 있는지 흥미롭게 알려 준다. '2000만 마르크로 살 수 있던 게 고작 빵 한 덩이?', '물가의 마술에 걸려 오르락내리락하는 돈의 가치?', '배도 그물도 없이 고기를 낚는 어부들이 있다?', '새 옷 한 벌 때문에 서재를 통째로 바꾸었다?', '먹을거리 3km 다이어트로 푸드 마일을 줄인다?' 등의 내용을 재미있게 알아볼 수 있다.

값 12,000원 ISBN 979-11-86082-34-8(64300)

3. 소중한 문화유산

우리 얼이 담긴 문화재, 나라를 위해 삶을 바친 위인들, 되새겨야 할 역사적 사건들을 담아 우리의 문화유산이 어떻게 지켜졌는지, 어떤 면에서 우수한지 알려 주며 문화적 자긍심을 키워 준다. '전 재산을 걸어 낡은 것들을 모은 바보가 있다?', '최초의 국어사전을 만들게 한 말모이 작전은 무엇?', '묻고 듣는 것이 세종대왕의 특별한 능력이라고?', '경부고속도로가 세운 세계적인 기록은?' 등의 해답을 찾아가는 사이 '왜', '어떻게' 우리 것들이 만들어지고 위기 속에서 이어져 왔는지 알 수 있을 것이다.

값 12,000원 ISBN 979-11-86082-35-5(64300)

4. 함께 사는 사회

전쟁과 자연재해, 기후 변화 등 국제 사회에서 벌어진 다양한 사건들을 다루며, 지구촌의 이웃과 더불어 살기 위해 무엇을 나눠야 할지 고민하게 한다. 또한 나눔을 실천하는 국제기구를 알아가면서 서로 도우며 살아가는 방법을 배울 수 있다. '가난한 환자를 직접 찾아가는 병원 열차가 있다?', '회색늑대가 사라진 숲이 왜 황폐해졌을까?', '의학 교육을 무료로 시켜 주는 나라가 있다?', '1069명의 아이를 구한 유모차 공수 작전이란?', '핵폐기물이 안전해지기까지 10만 년이 걸린다고?' 등의 답을 찾을 수 있다.

값 12,000원 ISBN 979-11-86082-36-2(64300)

5. 꿈과 진로

행복한 인생의 필수 요건인 꿈과 직업에 관한 이야기를 담아 자신의 꿈을 발견하고 이를 직업으로 실현시키기까지 어떤 과정을 거쳐야 하는지 알려 준다. 힘든 상황에서도 포기하지 않고 자신의 꿈을 현실로 만든 사람들의 이야기를 통해 바람직한 삶의 자세를 배울 수 있다. '거짓투성이 책의 작가가 빅토르 위고?', '사물의 몸과 마음으로 들어가는 신비한 능력?', '대학 중퇴자가 최고의 CEO가 될 수 있었던 비밀은?', '600년 전통 명문 학교의 주요 과목이 체육?' 등의 내용을 재미있게 만날 수 있다.

값 12,000원 ISBN 979-11-86082-37-9(64300)

'5분의 메시지'로 생각하는 힘을 기른다!

어린이 지식ⓔ 시리즈

생각하는 힘을 키워 주는 『어린이 지식ⓔ』는
아이들에게 책 한 권의 지식을 넘어, 지혜를 자라나게 해 줍니다.

6. 역사와 인물

문명을 발전시킨 도구와 사회를 바꾼 사건과 인물들을 소개한다. 인류 문명의 발전을 가져온 재미난 이야기와 다양한 정보는 역사에 대한 흥미를 불러일으키고, 우리의 일상을 만들고 변화시켜 온 살아 있는 역사를 만나게 해 준다. '인류의 발전은 두 손에서 시작됐다?', '1582년 로마의 달력에서 열흘이 통째로 사라졌다?', '지구가 돈다는 사실을 증명해 낸 것이 교수의 장난감?', '18세기 사람들은 이슬이 나비가 된다고 믿었다?', '왜 나폴레옹은 자신을 그린 화가를 미워했을까?' 등의 궁금증을 풀 수 있다.

값 12,000원 ISBN 979-11-86082-38-6(64300)

7. 창의적 도전

세상을 새롭게 변화시킨 사람들의 새로운 발상과 상상력을 소개해, 어린이들의 창의적인 사고력을 키워 준다. 생각을 일깨워 주고, 바꿔 주고, 다르게 생각하도록 영감을 주는 이야기는 '사물을 어떻게 바라보고, 어떤 방식으로 생각할 것인가?'라는 것을 깊이 생각하게 한다. '청중들의 소음만으로 이루어진 음악이 있다?', '변기를 전시하면 예술 작품일까? 아닐까?', '꽃과 열매 그림이 멀리서 보면 사람 얼굴이라고?', '피카소가 한국 전쟁의 참상을 그린 이유는?' 등의 이야기를 만날 수 있다.

값 12,000원 ISBN 979-11-86082-39-3(64300)

8. 과학과 기술

과학과 기술이 어떻게 시작되고 발달해 왔는지에 대한 이야기가 실려 있다. 새로운 아이디어로 인류의 삶을 바꿔 놓은 발명 이야기를 통해 과학적인 잠재력을 깨우고, 과학에 대한 지식을 배우게 한다. '달의 뒤편으로 간 남자가 있었다?', '라이트 형제가 발명한 비행기 원리는 자전거에서 얻었다고?', '엘리베이터가 100층을 오르는 데 수만 년이 걸렸다고?', '혈액이 온몸을 한 바퀴 도는 데 1분밖에 안 걸린다고?', '깡패에게 돈을 빼앗긴 곳을 알려 주는 지도가 있다?' 등 흥미로운 정보가 가득하다.

값 12,000원 ISBN 979-11-86082-40-9(64300)

9. 자연과 생태계

생태계의 신비한 이야기를 통해 동식물의 생존 법칙과 인간이 자연과 공존하는 방법을 알려 준다. 깊이 있는 자연 탐구의 기회를 주는 것은 물론 소중한 자연을 지키고 보존해야 함을 깨닫게 한다. '식물도 화가 나면 공격한다고?', '달리기에서 타조가 치타를 앞지를 수 있을까?', '생명이 있는 곳 어디에나 있는 백색 결정체는 무엇일까?', '깊고 어두운 해저 2700m, 생존의 법칙은 무엇일까?', '다람쥐의 볼에 도토리 12알을 넣을 수 있다고?' 등의 의문을 풀 수 있다.

값 12,000원 ISBN 979-11-86082-41-6(64300)

10. 다양한 가치관

어떤 가치관을 가지고 세상을 살아가야 할지 생각해 볼 수 있는 이야기가 담겨 있다. '어떻게 살아야 한다.'라는 정의를 내려 주지는 않지만 올바른 가치관을 세우기 위해 꼭 필요한 분별력을 기를 수 있다. '미국의 시내 한복판에 북한을 소개하는 식당이 있다?', '20점 만점에 10점만 넘으면 원하는 대학에 갈 수 있는 나라는?', '나의 모든 이야기를 잘 들어 주는 컴퓨터가 있다?', '글짓기를 잘하는 사람은 글쓰기를 못한다?' 등의 재미있는 이야기를 만날 수 있다.

값 12,000원 ISBN 979-11-86082-42-3(64300)